AVOIR CONFIANCE EN SOI

« La confiance en soi est le premier secret du succès. »

Ralph Waldo Emerson

SOMMAIRE

Introduction **11**

Une force essentielle 11

Un atout quotidien 11

Le manque de confiance, un mal répandu 12

Un capital vital 12

(Re)trouver sa confiance 13

Partie 1 C'est quoi, avoir confiance en soi ? 15

Chapitre 1 **Un sentiment de sécurité intérieure** **19**

Un narcissisme positif 19

S'apprécier tel que l'on est 20

Avoir conscience de soi 20

Croire en ses ressources 21

Avoir la foi en *qui* l'on est 23

Une évidence à toujours garder en tête 24

La confiance en soi : innée ou acquise ? 25

Un sentiment instable 26

Des capacités à rebondir différentes 26

Crise passagère ou manque de confiance ? 27

Des contextes plus ou moins favorables 28

Chapitre 2 **Différents degrés du manque de confiance en soi** .. **29**

Des symptômes multiples 30

Premiers repérages 30

Au quotidien 32

Du manque de confiance aux « manques de confiance » 35

Des facteurs d'inhibition connexes 38

Des ressentis différents 39

La confiance en ce que l'on est 40

La confiance en ce que l'on peut 41

La confiance en ce que l'on veut 42

Repérer un profond manque de confiance en soi. 45
Le sentiment d'infériorité 45
De fréquents découragements 46
Le sentiment de rejet 46
La honte 47
L'anxiété. 47
Les pathologies du manque de confiance. 48

Chapitre 3 Faites votre autodiagnostic 51
Manquez-vous de confiance en vous ?. 52
Ne manqueriez-vous pas un peu de confiance en vous ? 54
Dans quel domaine manquez-vous le plus de confiance ? 57
Comment vous « sabotez »-vous ? 60
Quelles sont vos croyances erronées ?. 60
Comment déformez-vous la réalité ? 62

Partie 2 Pourquoi manque-t-on de confiance en soi ? 65

Chapitre 4 Une conscience de soi « en négatif ». 69
Relation à la mère et narcissisme 70
Corps et image de soi. 71
Un narcissisme qui se transmet 72
Le rôle spécifique du père. 72
Le sentiment d'exister pour soi-même 73
Avoir été désiré 73
Être considéré comme une « personne ». 74
Pouvoir être soi-même 77

Chapitre 5 Une construction trop fragile 79
Le besoin de « relation ». 79
Le manque de communication 80
Un manque d'écoute 81
Le manque d'expression 82
Le besoin de valorisation. 83
Un simple manque d'attention. 83
Un regard négatif 85
La non-reconnaissance d'une partie de soi 86
Une dévalorisation déclarée. 88

Le besoin de soutien 90
Un manque de présence 90
Un manque d'encouragement 91
Un manque de protection 93

Chapitre 6 Un manque d'amour 95
Un manque de place 95
Un amour incomplet 97
Un amour non exprimé, mal exprimé 97
Les déclinaisons d'un manque d'amour 98
Amour conditionnel et inconditionnel 99
Le doute sur sa capacité à être aimé 101

Partie 3 Comment développer la confiance en soi ? 103
Quelques préalables incontournables 105
Ayez le désir de retrouver confiance en vous 105
Regardez en face votre manque de confiance 106
Commencez par accepter ce manque 107
Cessez de vous juger et de culpabiliser 107
Prenez votre temps 107
Faites-vous confiance 108
Allez au fond des choses 108

Chapitre 7 Retrouvez un sentiment de sécurité 109
(Re)prenez contact avec votre être « vivant » et « unique » . . . 109
Ressentez la confiance en vous 111
Acceptez-vous tel que vous êtes 113
Acceptez vos points forts 113
Identifiez honnêtement vos points faibles 114
Apprenez à mieux vous connaître 115
Soyez conscient de vos capacités 116
Reconnaissez vos désirs 117
Reconnaissez vos besoins 118
Osez exprimer vos émotions 118

Chapitre 8 Changez de regard sur vous-même 119
Libérez-vous 119
Aux origines de votre manque de confiance 120

Modifiez vos ressentis 122
Mettez en place vos « garde-fous » ! 124
Travaillez croyances erronées et pensées automatiques 126
Changez vos croyances 126
Déprogrammez-vous 127
Comblez vos carences affectives 129
Exorcisez l'image négative de vous-même 129
Changez le regard supposé des autres 130
Positivez 131

Chapitre 9 Des méthodes pour progresser 135
Fixez-vous des objectifs 135
Identifiez vos axes de progrès 136
Ayez des objectifs réalistes 137
Optez pour des objectifs concrets 138
Entraînez-vous à vous affirmer 141
Les principes de base 142
Se faire aider 143
Les stages de développement personnel 144
Les thérapies 144
En guise d'encouragement 147

Pour aller plus loin 149
Donner aux autres davantage de confiance 149
Valoriser au maximum 149
Encourager au maximum 149
Faire une vraie place 150

Bibliographie 151

Index 153

INTRODUCTION

Une force essentielle

La confiance en soi est essentielle pour réussir sa vie, tant relationnelle, amoureuse et familiale que professionnelle et sociale.

Avoir confiance en soi favorise l'équilibre intérieur, des relations plus harmonieuses et plus constructives ainsi qu'une plus grande réalisation personnelle.

Incontournable pour s'affirmer et oser être soi-même, c'est une clé majeure pour s'épanouir et vivre plus heureux.

La confiance en soi permet tout simplement de pouvoir donner de l'amour et en recevoir !

Croire en soi, en ses capacités, permet de se réaliser, de s'accomplir et, dans un cercle vertueux, en s'évaluant à sa juste valeur, de reconnaître et d'accepter ses limites, de manière à se perfectionner et à évoluer.

Il faut manquer ou avoir manqué de confiance pour savoir à quel point, quand c'est le cas, on risque de consacrer toute son énergie à chercher à se rassurer, à se défendre, au lieu de se réaliser et de s'épanouir.

Un atout quotidien

Cette assurance se révèle d'autant plus essentielle que l'on est toute la vie confronté à des épreuves, des défis, des situations dans lesquelles il est nécessaire de se dépasser. La confiance permet bien sûr de résister aux échecs, de rebondir, de s'ouvrir au changement.

Nous vivons par ailleurs dans une société où la force est très valorisée et où il faut beaucoup de solidité : incertitudes, liens familiaux et sociaux souvent distendus, difficultés professionnelles, chômage, concurrence accrue, etc.

Nous cherchons également aujourd'hui de plus en plus à nous accomplir individuellement, à vivre en accord avec nous-même, à être davantage nous-même, ce qui requiert de la confiance en soi.

Le manque de confiance, un mal répandu

S'il existe des nuances en fonction du sexe, de l'âge, de l'origine sociale et/ou culturelle, le manque de confiance en soi est malgré tout très répandu.

Quels que soient l'expérience, le niveau d'études, le milieu d'origine, le statut, la situation personnelle objective : de nombreuses personnes ont du mal à s'affirmer, doutent de leurs potentiels, craignent le regard et le jugement d'autrui, vivent dans une anxiété permanente, etc.

Même quand on est relativement sûr de soi, il existe souvent malgré tout un domaine où l'on souhaiterait se sentir plus libre, plus affirmé, ou des situations dans lesquelles on aimerait rester émotionnellement plus stable.

Un capital vital

Il est cependant naturel d'avoir confiance, d'être en confiance.

Dans les moments où l'on se sent « bien », « confiant », on est d'ailleurs spontanément à l'aise, on trouve l'élan pour s'exprimer, pour aller vers les autres ; on choisit en toute simplicité ce qui est bon pour soi, on prend naturellement sa place. Même les personnes qui manquent totalement de confiance en elles ont fait l'une ou l'autre de ces expériences positives.

C'est dire combien il est naturel d'avoir confiance en soi.

Voilà bien ce qui fait d'autant plus souffrir quand on n'a pas confiance. C'est comme une schize[1] entre soi et soi, un peu comme si quelque chose que l'on avait en soi avait été perdu.

(Re)trouver sa confiance

Mais alors, qu'est-ce que la confiance en soi ? D'où vient-elle ? Pourquoi en manque-t-on ?

Pourquoi, malgré tout un tas de « preuves », le manque de confiance parfois persiste-t-il ?

Pourquoi, sans raison objective particulière, certaines personnes ont-elles confiance en elles quand d'autres en sont cruellement privées ?

Quelles sont les principales manifestations, les vrais signes d'un manque de confiance ?

Y a-t-il un point commun, par exemple, entre le besoin de contrôle et le fait de subir les situations ; entre le fait d'être bloqué quand on doit prendre la parole et une difficulté à s'engager ; et quel est-il ?

Comment avoir davantage confiance en soi, (re)gagner cette confiance ? Quelles sont les voies pour progresser ?

Enfin, comment mieux comprendre et parfois aider une personne de son entourage qui manque de confiance en elle ?

1. Fente, coupure, division.

PARTIE 1

C'EST QUOI, AVOIR CONFIANCE EN SOI ?

La confiance en soi est un sentiment profond de sécurité intérieure.

C'est parce que nous nous sentons en sécurité que nous pouvons nous affirmer sans peur, sans honte, sans agressivité. C'est parce que nous nous sentons en sécurité que nous nous sentons plus libre, plus fort, et que nous sommes en mesure d'affronter des épreuves, de résister aux échecs, de prendre des risques, etc.

Mélange d'inné et d'acquis, la confiance en soi se forge essentiellement dans les premières années de la vie. Elle fluctue ensuite au fil des événements, des circonstances et des états d'âme.

Il existe plusieurs degrés de manque de confiance, en d'autres termes : d'insécurité, et ses manifestations sont multiples. Faire le point sur son niveau de confiance est une étape incontournable pour repérer ses atouts et les maillons faibles de ses fonctionnements.

CHAPITRE 1

UN SENTIMENT DE SÉCURITÉ INTÉRIEURE

Au programme

- **Un narcissisme positif**
- **Avoir la foi en qui l'on est**
- **La confiance en soi : innée ou acquise ?**

Un narcissisme positif

Le sentiment de sécurité intérieure est lié à un narcissisme positif développé notamment dans la toute petite enfance. Le narcissisme positif est la capacité à s'apprécier et à s'aimer suffisamment tel que l'on est. En découlent tous les bénéfices liés à la confiance en soi.

En s'appréciant tel que l'on est, on peut aimer les autres, s'ouvrir à eux, donner de l'affection et en recevoir. Heureux d'exister comme l'on est, on est plus stable et plus équilibré intérieurement, ce qui conduit souvent au bonheur.

S'estimer positivement donne la liberté de penser et d'agir sans être dépendant du regard de l'autre. On est ainsi à l'aise et on peut en toutes circonstances s'exprimer plus facilement et s'affirmer, tout en tenant davantage compte de l'autre.

On a également un meilleur discernement, une évaluation plus objective des autres et davantage de lucidité.

S'estimer positivement permet aussi d'accepter ses doutes, ses carences, ses contradictions ainsi que les remarques d'autrui, tout en s'appuyant sur ses valeurs, ses désirs, ses moyens, ses ressources et sa détermination.

La bonne image de soi favorise une représentation saine et positive de la réussite ainsi qu'une perception juste de ses qualités, de ses compétences et de ses succès.

Elle conduit à l'élaboration, au respect et à la concrétisation des projets personnels, l'individu assumant davantage ses désirs et se donnant lui-même davantage les moyens de les réaliser.

S'apprécier tel que l'on est

Nous cherchons souvent, pour avoir confiance, à être parfait, ou bien nous conditionnons notre confiance à une qualité, un physique, une compétence, un diplôme…

Avoir « toutes » les qualités est souvent ce que nous imaginons nécessaire pour pouvoir enfin avoir confiance, au lieu précisément d'avoir confiance *en soi*.

La majeure partie du temps, c'est un leurre. La confiance ne peut être conditionnelle et n'est liée ni aux qualités, ni aux atouts, ni aux réussites objectives.

Certaines personnes ont « tout » pour elles : beauté, intelligence, diplômes, réussite, amour. Pourtant, elles vivent dans une anxiété permanente. D'autres au contraire auraient *a priori* beaucoup moins de « raisons » objectives d'être confiantes, alors qu'elles le sont.

S'accepter et s'apprécier tel que l'on est constitue la base de la confiance en soi ; sans exception, c'est toujours là que le bât blesse quand on en manque.

Avoir conscience de soi

Avoir conscience de soi, de son corps, de son unicité, de ses différences, de ses qualités, favorise la confiance en soi.

Beaucoup de personnes manquent de confiance en elles uniquement parce qu'elles ne se regardent pas et/ou qu'elles ne se connaissent pas ou se connaissent mal.

Elles ignorent par conséquent ce dont elles sont capables ; elles ne peuvent pas croire en leurs ressources, ni *a fortiori* les apprécier.

Malgré d'éventuelles blessures narcissiques au départ, la conscience et la connaissance de soi se développent tout au long de l'existence au travers de vécus, d'expériences, de confrontations et des relations aux autres. C'est la raison pour laquelle on gagne *a priori* davantage de confiance en soi avec les années qui passent.

Croire en ses ressources

La croyance en ses capacités physiques, affectives, intellectuelles génère une bonne estime de soi.

Cette confiance *en soi* construite dans l'enfance est renforcée ensuite par l'ensemble des expériences relationnelles, professionnelles, sociales, sportives, artistiques.

Atteindre ses objectifs, réaliser ses souhaits, sortir victorieux de certains défis, obtenir la reconnaissance et la validation de sa valeur, tout cela renforce dans un cercle vertueux cette croyance en soi.

Même un échec, sauf à être récurrent, peut paradoxalement venir renforcer la croyance en certaines de ses ressources, à condition que l'on reste objectif, que l'on sache en tirer des leçons, et que la confiance en soi ne soit bien sûr pas trop déficiente au départ. Une expérience même ratée, si elle est relativement bien vécue, permet en effet de développer la conscience de soi.

Une image de soi médiocre au départ, avec des doutes sur ses capacités, est parfois ainsi en partie restaurée au fil des années, sauf si à la base, on est vraiment très fragile.

Confiance en soi et estime de soi

On confond souvent confiance en soi et estime de soi. Ces deux concepts sont en partie liés, mais ils sont de nature différente et ne s'acquièrent pas ni ne se développent de la même manière.

La confiance relève d'un sentiment de sécurité. Elle permet de croire suffisamment en ses ressources pour se sentir capable d'affronter telle ou telle situation. Une personne confiante se sent « capable ».

L'estime de soi relève, elle, d'une opinion favorable sur soi-même ; en quelque sorte, elle se « mérite ». Elle provient d'une sorte d'autoévaluation positive, liée essentiellement à la manière dont nous vivons ou non en concordance avec nos valeurs, nos besoins, nos émotions et nos liens. Elle découle donc en réalité de la fidélité à soi-même. Une personne ayant une bonne estime de soi se sent « valable » dans la mesure où elle a de la valeur à ses propres yeux.

On attend souvent d'avoir une haute estime de soi pour, enfin, se respecter, tout comme on attend d'être « parfait » pour avoir confiance en soi. Or, c'est en se respectant que l'on développe l'estime de soi, tout comme c'est en s'acceptant tel que l'on est que l'on développe sa confiance en soi.

Ainsi peut-on avoir confiance en soi sans avoir une bonne estime de soi-même, ou inversement, ce qui est toutefois plus rare, avoir une bonne estime de soi sans avoir confiance en soi ? En effet, on a tendance à avoir une meilleure estime de soi si l'on a confiance en soi.

Inversement, plus on manque de confiance, moins l'on ose s'affirmer et exister tel que l'on est, moins l'on se respecte et plus on risque de perdre l'estime de soi.

Il est important d'identifier ce qui, pour soi, relève d'un manque de confiance en soi ou d'une faible estime de soi, dans la mesure où le cheminement qui permet de développer l'une ou l'autre est différent.

Complexes et confiance en soi

Il existe bien entendu un lien entre avoir ou faire des complexes, le complexe d'infériorité et le manque de confiance en soi.

Quand on manque de confiance en soi, on a tendance à développer des complexes, mais on peut aussi avoir un complexe sans manquer de confiance en soi.

Une personne manquant de confiance en elle se dit souvent « complexée ». De fait, dans la mesure où elle ne s'accepte pas, elle se reproche toujours quelque chose, souhaiterait être différente de ce qu'elle est. Elle a ainsi tendance à accorder trop d'importance à certaines choses et à se focaliser sur un défaut, un manque de diplôme, d'argent, d'assurance, sur sa taille, ses yeux, ses origines, etc.

Dans ce cas, le complexe est plutôt la conséquence d'un manque de confiance en soi.

Plus profondément, pouvons-nous dire, l'enfant surtout et plus tard l'adulte peut développer un ou plusieurs complexes parce qu'il est plus petit ou plus gros que les autres, ou moins sportif, parce qu'il est étranger, qu'il porte des lunettes, ou bien encore parce qu'il a perçu un regard désapprobateur porté sur lui, qu'il a vu les autres se moquer de lui, que des comparaisons ont été faites à son détriment, etc.

Des complexes de ce type entament certes plus ou moins la confiance en soi, mais peuvent aussi rester complètement circonscrits si par ailleurs le sujet se sent aimé, donc sécurisé. Ils peuvent également être dépassés et vaincus plus tard par des expériences positives.

Toutefois, plus globalement, si l'enfant ou l'adulte ne se sent déjà pas apprécié ni accepté tel qu'il est, c'est-à-dire s'il manque déjà de confiance en lui, le complexe en question sera d'autant plus puissant ; comme dans le premier cas, la personne se focalisera sur ce point perçu comme négatif et en fera d'autant plus un « complexe ».

Enfin, avoir parfois, même inconsciemment, un complexe d'infériorité, c'est-à-dire se sentir en tout, par définition, inférieur aux autres, est toujours soit l'origine, soit la conséquence, d'un manque de confiance en soi, et éventuellement de bien d'autres « complexes ».

Je peux, par exemple, avoir un complexe d'infériorité par rapport à un frère très valorisé par mon père, et développer ainsi un manque de confiance en moi. Mais je peux aussi parce que, à la base, je manque gravement de confiance en moi, développer sans raison, un sentiment d'infériorité.

Tout dépend du contexte et de l'histoire personnels. Il est intéressant de cerner pour soi ce qui relève de l'un ou de l'autre, pour pouvoir mieux s'y attaquer.

Avoir la foi en *qui* l'on est

Comme l'a dit Muhammad Ali, « Je ne pense pas que ce soit une vantardise de dire : “Je suis quelqu'un de spécial.” »

Pour aller plus loin, avoir confiance en soi n'est rien d'autre que d'avoir confiance en *qui* nous sommes. De fait, nous ne pouvons avoir confiance qu'*en ce que* nous sommes, dans la mesure où nous ne possédons jamais, qui que nous soyons, toutes les capacités, toutes les beautés, toutes les formes d'intelligence, toutes les forces, toutes les nuances de sensibilité, toutes les connaissances, etc., qui pourraient peut-être – on le pense parfois – nous donner la confiance en soi absolue, totale !

En revanche, nous avons tous des atouts, avec nos différences et nos handicaps ; ce sont *nos* atouts, et seulement les *nôtres*, pour plaire, être aimé, réagir, réussir, nous battre, nous défendre, créer, apprendre, etc.

Ainsi, avoir confiance, c'est en réalité avoir confiance en *qui* nous sommes, c'est-à-dire tels que la nature nous a faits, avec nos caractéristiques physiques, intellectuelles, affectives, nos qualités, nos forces.

Nous pouvons ainsi aller jusqu'à dire qu'avoir confiance en soi est avoir la **foi** en *qui* l'on est. « Confiance » et « foi » ont la même racine : « confiance » vient du latin *confidere*, qui signifie « avoir la foi ».

AVOIR CONFIANCE EN SOI

=

AVOIR CONFIANCE EN *QUI* L'ON EST

=

AVOIR LA FOI EN *QUI* L'ON EST

Une évidence à toujours garder en tête

On oublie toujours cette évidence quand on manque de confiance en soi, tant le « manque » est devenu, d'une certaine manière, une seconde nature.

Tout comme l'on naît brun ou blond, on a alors presque tendance à croire que l'on n'a pas confiance quand d'autres ont confiance, et/ou que l'on ne dispose pas à la base des qualités requises pour avoir confiance. Cela risque d'alimenter l'idée que « c'est comme ça » et qu'il est presque impossible de changer.

Croire en revanche que l'on devrait avoir cette confiance originelle mais qu'on l'a perdue – un bébé manque-t-il de confiance en lui ? – induit qu'elle est *en soi* et qu'il suffit de se (re)mettre sur la voie pour la retrouver.

Cette notion est importante, car on a toujours plus ou moins tendance à faire dépendre sa confiance de réussites extérieures, d'approbation ou de reconnaissance, d'atouts valorisés à une époque donnée, dans une société donnée, d'images idéales auxquelles on aimerait ressembler, bref, d'autres paramètres que *soi*-même.

Pour progresser

> **Si vous le souhaitez, demandez-vous dès à présent le plus librement possible ce qui a pu vous faire perdre confiance et foi en qui vous êtes.**

La confiance en soi : innée ou acquise ?

La confiance en *soi* est en partie *innée* dans la mesure où pour *vivre*, lutter pour sa survie, faire sa place, entrer en relation aux autres, il est nécessaire d'avoir confiance dans sa force vitale, dans *ses capacités* presque instinctives.

Sur un tout autre plan, on peut dire que la confiance est innée si l'on considère que notre seuil de vulnérabilité est reconnu génétiquement pour être variable d'un individu à l'autre.

Toutefois, la confiance est en très grande partie acquise, dans la mesure où c'est dans les toutes premières années de l'enfance que le narcissisme positif et le sentiment de sécurité qui en découle partiellement se forgent ou au contraire sont « blessés ». Le regard posé sur l'enfant par ses parents, la relation qu'ils entretiennent avec lui et son corps, la qualité de leur communication, de leur éducation, le contexte par ailleurs dans lequel l'enfant grandit, les expériences positives ou négatives qui vont le marquer, tous ces éléments permettent ou entravent le développement de ces deux ressentis essentiels.

La preuve en est une fois encore les personnes qui semblent avoir « tout » pour elles mais qui souffrent d'un grave manque de confiance, quand d'autres ont confiance en elles avec parfois d'importants handicaps au départ.

Enfin, la confiance est acquise dans la mesure où c'est malgré tout au cours de l'existence et en fonction de ce que l'on vit qu'elle se renforce ou au contraire s'effrite.

À savoir

> **S'il existe des tempéraments plutôt positifs et combatifs, moins enclins à se laisser entamer, l'enfance et par la suite les vécus, les événements extérieurs, favorisent toujours plus ou moins la confiance d'un individu en lui-même.**
>
> **Le fait que la confiance soit en partie acquise est encourageant, dans la mesure où même si on l'a perdue ou si l'on en manque, on peut toujours la (re)trouver.**

Un sentiment instable

Le narcissisme positif et la confiance en soi qui en découle fluctuent de toute évidence régulièrement. Même quand on a confiance en soi, ce sentiment de sécurité varie en fonction des circonstances, des ambiances, des relations et des personnes rencontrées, plus ou moins bienveillantes ou toxiques, des bouleversements, etc.

D'autre part, on peut très bien être confiant et « craquer » ; on peut aussi être plus fragile et se révéler très solide dans certaines circonstances.

Des capacités à rebondir différentes

Il est évident que l'on réagit toujours mieux si l'on a confiance en soi, si l'on a une bonne connaissance, une bonne image de soi. Les personnes confiantes se maîtrisent mieux, rebondissent plus vite, et réagissent toujours mieux que les autres aux difficultés ou aux défis. Un climat nocif aura donc toujours des effets plus limités sur elles.

Cela ne signifie pas qu'elles ne sont pas fragilisées ou anxieuses, qu'elles ne doutent pas d'elles-mêmes à un moment donné. Même un individu avec un bon niveau de sécurité intérieure peut être fragilisé si plusieurs facteurs le conduisent à douter de lui-même et de ses ressources : conflit, échec, dévalorisation…

Toutefois, un individu confiant résiste et persiste toujours mieux quels que soient les échecs, les obstacles, les handicaps objectifs.

En revanche, les personnes dont le narcissisme positif est faible sont beaucoup plus sensibles à tout échec, toute difficulté, toute remise en question, tout signe désapprobateur, et il leur arrive même de l'anticiper.

Crise passagère ou manque de confiance ?

Il y a des moments, des contextes où l'on doute de soi : ces pertes de confiance ponctuelles font partie de la vie. Face à une échéance primordiale, à un moment décisif de l'existence, à un changement, etc., il est naturel de douter et de « perdre » confiance en soi, de se sentir moins sécurisé.

Une période de transition, une accumulation d'échecs, une rupture, un divorce, une perte d'emploi, une crise avec un conjoint, un enfant ou un patron risquent ponctuellement de déstabiliser.

Toutefois, quand il existe une confiance de fond, on n'est pas profondément atteint. Une fois l'épreuve passée, on gagne d'ailleurs souvent en solidité. De fait, les moments de « crise », de doute, les épreuves, les confrontations renforcent la confiance, dans les cas bien sûr où leur issue est positive. Si la crise dure ou si l'événement fait perdre profondément confiance en soi, il y a fort à parier que cette confiance était fragile et superficielle.

Quand des personnes en apparence sûres d'elles perdent pied, tombent en dépression, ne parviennent pas à réagir lors d'une crise personnelle ou professionnelle, c'est qu'elles souffraient, sans toujours en être conscientes, d'un manque profond de confiance en elles.

Si, face à un revers, dans une situation déstabilisante, on perd durablement confiance, c'est qu'il existait une faille importante dans le roc affiché. Une crise déstabilise, fait douter, mais n'entame pas, ne détruit pas.

À savoir

> C'est un manque de confiance qui pousse parfois inconsciemment à « choisir » la situation ou la personne à l'origine de la crise en question, par exemple :
> - des situations frustrantes dans lesquelles on ne s'exprime pas entièrement, ou bien sous-dimensionnées par rapport à ses potentiels ;
> - des situations, des relations dont on n'a pas envie ;
> - des situations dévalorisantes, des personnes dominatrices, destructrices ;
> - des situations qui conduisent à l'échec, qui ne conviennent pas ou pour lesquelles on n'a pas les moyens objectifs de réussir ;
> - c'est parfois aussi le manque de confiance lui-même qui conduit petit à petit à l'échec ou à la crise en question.

Des contextes plus ou moins favorables

Au-delà d'une « solidité » de départ, la confiance en soi se développe, se renforce dans un contexte de sécurité matérielle et affective, d'amour, d'amitié, de réciprocité et de communication.

Inversement, le rejet, l'incertitude, les échecs, l'intolérance, l'injustice, l'indifférence et l'égoïsme l'entament toujours un peu ou beaucoup.

D'autre part, les réussites, les succès, l'amour renforcent bien entendu la confiance en soi, même si, sauf à traverser une succession de catastrophes – et encore ! –, elle devrait en réalité demeurer, indépendamment des situations objectives !

CHAPITRE 2

DIFFÉRENTS DEGRÉS DU MANQUE DE CONFIANCE EN SOI

Au programme

- **Des symptômes multiples**
- **Des ressentis différents**
- **Repérer un profond manque de confiance en soi**

On dit de l'enfant timide, effacé, de l'adolescent qui échoue dans ses études ou dans ses relations avec les autres, ou bien encore de l'adulte qui ne s'engage pas ou qui ne réussit pas à s'affirmer, qu'ils manquent de confiance en eux.

Dans le langage courant, nous évoquons le manque de confiance en soi pour désigner des réalités relativement différentes, aussi bien dans leur nature que dans leur ampleur.

Avoir du mal à parler en public ou à aller spontanément vers les autres est *a priori* moins handicapant que d'éprouver, sauf si les deux sont liés, de la honte, un sentiment de rejet, de vivre dans un état d'anxiété et d'angoisse permanentes, ou bien encore de ne pas oser être soi-même.

Il est utile de répertorier les principaux symptômes et ressentis d'un manque d'assurance ainsi que les signes d'un manque de confiance en soi plus profond.

Des symptômes multiples

L'expression du manque de confiance en soi est protéiforme : il se manifeste en effet dans des domaines et sur des plans différents.

Premiers repérages

C'est tout d'abord à travers ses comportements que l'on peut repérer et circonscrire un manque de confiance en soi.

Confiance en soi	Faible confiance en soi
Accepter simplement les compliments qui vous sont adressés.	Avoir beaucoup de mal à accepter les compliments.
Se donner tous les moyens pour atteindre ses objectifs.	Trouver tous les prétextes pour ne pas faire ce que l'on souhaite.
En cas de conflit, chercher à avoir une explication franche et claire.	Se replier sur soi, ressasser pendant des jours ce qui s'est passé et se sentir coupable.
Exprimer relativement facilement ses émotions et ses besoins.	Avoir tendance à penser que ses émotions et ses besoins ne sont pas légitimes.
S'acquitter de ses tâches avec conscience et sérieux.	Travailler plus dur que nécessaire pour éviter tout éventuel reproche.
Réussir à se mettre à la place de l'autre pour essayer de comprendre son point de vue.	Être surtout centré sur soi en pensant que l'autre ne vous comprend pas, ne vous « aime » pas.
Être attiré *a priori* par ce que l'on ne connaît pas.	Éviter toute situation nouvelle ou non familière.
Exprimer ce que l'on souhaite.	Attendre que l'autre devine vos désirs et vos besoins.
Réfléchir à la manière de présenter son idée.	Être focalisé sur la crainte que l'autre rejette son idée.
Être prêt à prendre des risques pour améliorer sa situation ou obtenir ce que l'on souhaite.	Rester dans sa zone de confort en évitant de prendre le moindre risque de peur d'un échec.
Considérer tout échange comme un moyen d'apprendre.	Considérer tout échange comme une menace.
Laisser chacun prendre ses responsabilités et jouer son rôle.	Toujours se mettre en hyper-responsabilité et avoir besoin de tout contrôler.

.../...

Chercher à concrétiser ses projets.	Avoir tendance à se réfugier dans le rêve et à accuser les autres ou les circonstances de ne pas pouvoir réaliser ce que l'on désire.
En cas de désaccord, apposer son avis, son idée à ceux de l'autre.	Trouver aussitôt sa propre idée ridicule, moins intéressante, et finir par se taire ou par l'exprimer agressivement.
Toujours essayer de se faire comprendre.	Accuser les autres de pas nous écouter, de ne pas nous comprendre.
Se comporter en fonction de ce qui est juste ou important pour soi, même si les autres ne sont pas d'accord avec nous, voire nous critiquent.	Adapter son comportement en fonction de ce que pensent ou désirent les autres.
Une fois les données en main, prendre la décision qui semble être la meilleure.	Tergiverser longuement et regretter au bout du compte la décision que l'on a prise.
Attendre que les autres reconnaissent ses réalisations.	Toujours chercher à vanter ses mérites aussi souvent que possible à autant de personnes que possible.
Chercher à établir des relations équilibrées.	Chercher à établir des rapports de force.
Admettre ses erreurs et en tirer les leçons.	Ne pas supporter les critiques et avoir du mal à reconnaître ses erreurs.

Manque de confiance en soi et timidité

On confond parfois la timidité et le manque de confiance en soi. Les deux problématiques vont souvent de pair mais procèdent de deux mécanismes distincts.

La timidité est surtout une difficulté à aller vers les autres, à oser s'exprimer et/ou à se sentir à l'aise, en confiance, qui provoque une gêne, un malaise dans certaines situations, avec certaines personnes non familières. Les timides ne ressentent pas forcément le même degré de timidité envers toutes les personnes ni dans toutes les situations. Par exemple, on peut être parfaitement à l'aise avec ses amis et plus du tout dans une relation professionnelle ou amoureuse ; on peut être très à l'aise dans son activité professionnelle et ne plus l'être du tout quand il s'agit de défendre son opinion ou de demander une augmentation.

La timidité peut relever d'un manque de confiance, de la peur du rejet, mais aussi correspondre à un manque d'expérience de la situation en question ; un enfant timide face aux personnes inconnues, par exemple, peut perdre ce trait de caractère par la suite, tout comme une personne timide après plusieurs prises de parole en public.

On fait aussi preuve de timidité quand la situation représente un enjeu important.

La timidité, tout comme le manque de confiance, génère une souffrance psychologique, surtout si la personne est consciente de son handicap et de ses conséquences sans trouver de solutions pour le dépasser. Enfin, la timidité, tout comme le manque de confiance, se traduit par l'inhibition de la spontanéité.

Timidité, introversion, manque de confiance en soi

On prend parfois pour de la timidité, voire pour un manque de confiance, ce qui n'est qu'introversion.

Une attitude réservée peut relever de la timidité, d'un manque de confiance, mais également d'un caractère introverti. Un introverti, sans être timide ni manquer de confiance en lui, peut choisir d'éviter les « situations sociales » parce qu'il n'en retire pas assez de bénéfice pour lui-même, préférer se taire parce qu'il se sent submergé par trop d'émotions, ou tout simplement préférer écouter, voire dialoguer avec lui-même plutôt que de s'exprimer.

C'est le systématisme qui doit faire penser à de la timidité ou bien à un manque de confiance en soi. Il convient en effet de ne pas attribuer un comportement introverti à de la timidité ou à un manque de confiance en soi, surtout de nos jours où l'expression, la communication, la hardiesse, sont survalorisées. On peut être introverti et avoir confiance en soi ; extraverti, et en manquer.

Au quotidien

Pour chacun, le manque de confiance recouvre des réalités différentes non exclusives les unes des autres, qui indiquent en réalité un niveau plus ou moins important d'insécurité. Plus cette insécurité est profonde, plus les « handicaps », les inhibitions sont importants.

Il est bénéfique de repérer les principales expressions de votre « manque » de confiance en vous. Vous trouverez ensuite plus facilement les liens avec leur origine.

La liste qui suit n'est pas exhaustive, mais quand on manque de confiance, on trouve toujours les mal-être et inhibitions suivants.

Relations aux autres	
Difficulté de contact avec les autres	Facilité de contact avec les autres
Relations « pauvres », uniquement fonctionnelles	Relations fluides et constructives
Repli sur soi	Autonomie, indépendance par rapport à autrui
Solitude	Confiance en l'autre
Irritabilité, agressivité	Ouverture aux autres, écoute
Émotivité	Gestion de ses émotions
Crainte du regard, du jugement de l'autre	Sentiment de liberté
Manque de confiance dans les autres	Expression de soi
Manque d'ouverture	Curiosité
Relations conflictuelles...	Relations équilibrées, fluides
Manque d'autorité, de charisme...	Bonne image, charisme
Communication	
Manque d'assertivité, d'affirmation de soi	Assertivité, affirmation de soi
Difficulté à se valoriser	Se valoriser
Difficulté à communiquer, à s'exprimer	Capacité à s'exprimer
Ne pas savoir dire non	Savoir dire non
Ne pas savoir gérer les conflits	Savoir gérer les conflits
Difficulté à défendre ses idées	Savoir défendre, vendre ses idées
Rapport à l'action	
Difficulté d'entreprendre	Capacité d'entreprendre, réaliser
Difficulté à concrétiser	Chercher à concrétiser ses projets
Difficulté à prendre des décisions	Prise de décision
Difficulté à prendre des initiatives	Prise d'initiative
Difficulté à prendre des risques	Prise de risques
Refus de l'engagement	Capacité d'engagement
Manque de curiosité	Curiosité
Renoncement	Capacité de résistance, résilience
Manque de persévérance	Persévérance
Besoin de contrôle	Savoir lâcher prise
Subir les situations	Prendre sa vie en main
Ne pas faire ce que l'on souhaite	Essayer de faire ce que l'on désire
Peur du changement...	Rechercher la nouveauté

La dépendance affective

L'un des principaux symptômes du manque de confiance en soi est la dépendance affective. Elle s'accompagne souvent d'un besoin excessif d'aimer et d'être aimé, de jalousie, d'une peur de perdre l'être cher, de l'abandon, d'un manque d'estime de soi, de confiance dans les autres, de mélancolie, voire de dépression, ou bien encore d'une forme de « paranoïa ».

Le besoin de valorisation et de reconnaissance est souvent énorme, les conflits relationnels et les ruptures sentimentales fréquents ; ils adviennent dès que la personne ne se sent pas suffisamment valorisée et aimée.

Par ailleurs, le sujet cherchant à combler ses manques et son besoin d'être aimé auprès des autres (conjoint, amis, famille, collègues) demeure toujours insatisfait dans la mesure où ce que ces derniers font pour lui, lui paraît toujours insuffisant.

À savoir

Le stress, les tensions, l'anxiété, le pessimisme, la tristesse, les humeurs changeantes, l'instabilité émotionnelle sont souvent les signes d'un manque de confiance.

Jusqu'où joue le manque de confiance en vous ?

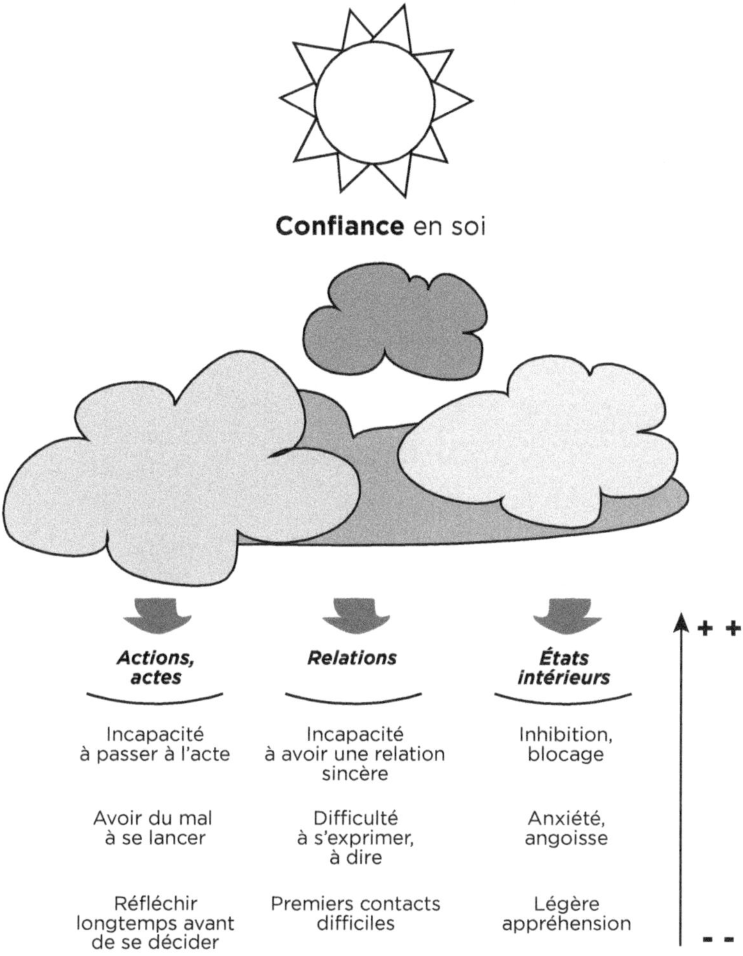

Du manque de confiance aux « manques de confiance »

Nous disons de la personne qui n'ose pas se lancer qu'elle manque de confiance en elle, mais également qu'elle n'ose pas se lancer justement parce qu'elle manque de confiance en elle.

Dans le langage courant, cela n'a pas d'importance, nous nous comprenons. En revanche, cette confusion brouille les pistes si l'on cherche à cerner son problème pour mieux le résoudre. Nous avons en effet davantage intérêt à dire : « Je doute toujours de mes capacités parce que je manque de confiance en moi » plutôt que : « Je manque de confiance en moi » (sous-entendu, je doute toujours de mes capacités).

Distinguer le « symptôme » et son origine favorise la prise de conscience.

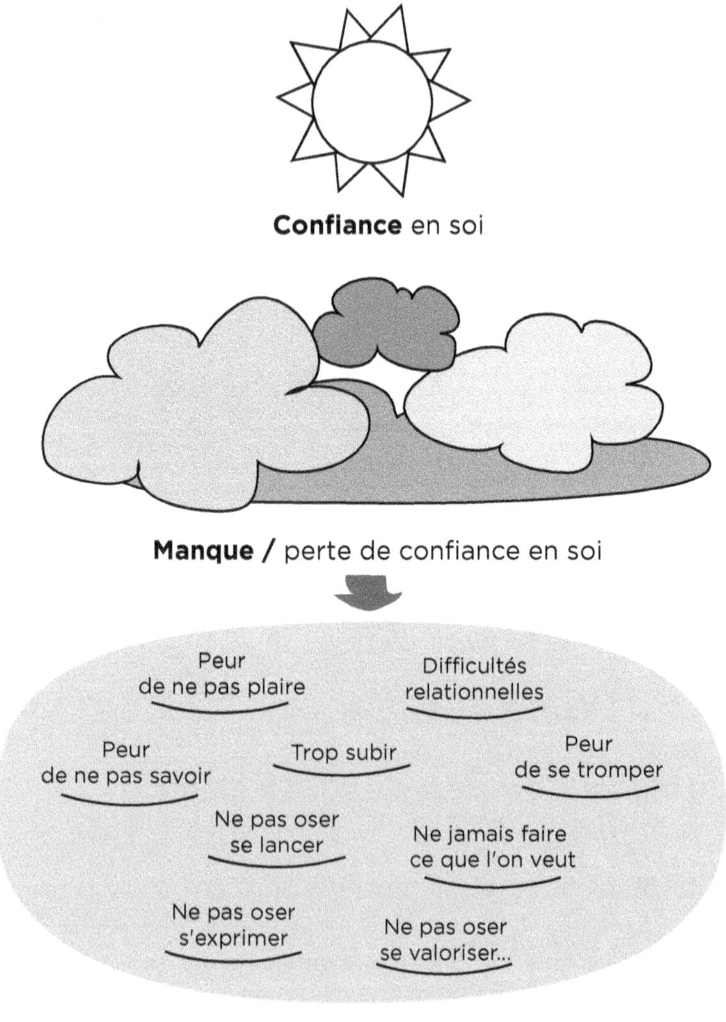

Être bien au clair

Il est important de repérer les domaines, notamment personnel et professionnel, et les différents plans où le manque de confiance est pénalisant. On peut en effet avoir du mal à se valoriser professionnellement et une difficulté à communiquer dans sa vie personnelle.

On peut avoir perçu d'immenses doutes quant à ses capacités, mais ne pas avoir pris conscience que l'on n'écoutait pas ses désirs, ou bien être certain de ses compétences et potentiels professionnels sans avoir jamais réalisé que l'on craint toujours d'être rejeté.

On peut se sentir épanoui dans sa vie familiale sans avoir pris conscience que l'on reste professionnellement en deçà de son potentiel, ou bien encore être conscient d'une peur du changement sans s'être rendu compte que les relations affectives avec ses proches ne sont ni épanouissantes ni telles qu'on le souhaiterait. Et ainsi de suite.

Or, plus on visualise son « terrain », plus il devient possible de réagir et, ici aussi, de comprendre l'origine de ses difficultés.

DANS QUEL(S) DOMAINES ?

- Domaine familial, conjugal et/ou parental
- Domaine privé et/ou affectif
- Domaine professionnel
- Domaine social
- Domaine matériel
- Vie quotidienne

SUR QUEL(S) PLANS ?

- Établir des relations
- Approfondir les relations
- Se valoriser
- Progresser, construire
- S'engager, prendre des responsabilités
- Agir, passer à l'acte
- Décider, faire des choix
- etc.

Pour progresser

Faites le point et les liens entre les domaines, les plans où vous manquez de confiance en vous, et les conséquences pour vous...

Des facteurs d'inhibition connexes

Le manque de confiance en soi étant très répandu et le terme très usité, on est souvent enclin à penser, en cas de blocage ou d'angoisse, qu'il s'agit d'un manque de confiance.

Or il existe, à l'origine d'une difficulté à s'exprimer, à se lancer, à gérer les conflits, à s'autonomiser, etc., d'autres facteurs, par ailleurs liés ou non à un manque de confiance, mais qui ne relèvent pas d'un manque de confiance à proprement parler.

Ainsi, on peut éprouver une difficulté à se valoriser non pas parce que l'on manque de confiance en soi, mais parce que l'on se sent toujours coupable. On peut avoir du mal à évoluer non pas parce que l'on manque de confiance en soi, mais parce que l'on a peur de grandir.

Il peut aussi y avoir les deux ! Le manque de confiance, en effet, peut se coupler à un autre blocage, à une autre peur.

Il est important, quand il existe plusieurs « raisons » à l'origine de son blocage, de détecter laquelle prime sur les autres. Même si, encore une fois, différents facteurs peuvent en partie être liés, attribuer une difficulté à un manque de confiance en soi quand la raison en est tout autre freine la capacité à progresser.

La peur de grandir

Préférer rester un enfant, ne pas s'assumer pour continuer par exemple à se sentir protégé, est à l'origine de beaucoup d'inhibitions.

La peur de l'autorité

La peur de l'autorité est un frein énorme à l'affirmation de soi. Il arrive aussi qu'elle soit liée à la peur de grandir, voire qu'elle en soit la cause.

La peur du conflit

On n'ose pas exprimer ce que l'on pense ou ce que l'on souhaite non par manque de confiance en soi, mais par crainte du conflit, par crainte d'avoir à se confronter, à s'opposer à quelqu'un, d'avoir à afficher sa propre autorité !

La culpabilité

Cela peut paraître étrange, mais on peut ne pas oser réussir par culpabilité vis-à-vis d'un parent, d'une sœur, d'un frère moins avantagé, d'un conjoint, d'un enfant ou bien encore vis-à-vis d'un milieu d'origine très défavorisé… avec l'impression de les abandonner ou de les trahir en cas de succès.

La peur de l'échec

Une trop forte envie de réussir, celle de ne pas décevoir, voire de ne pas se décevoir soi-même, constitue un facteur inhibant qui peut primer sur le manque de confiance.

Le besoin d'une trop grande maîtrise de soi

Le refus de montrer ses émotions, sa « fragilité », sa « faiblesse », peuvent parasiter l'expression, la communication, bloquer les élans.

Pour progresser

Essayez d'identifier le plus honnêtement possible, même s'il n'est pas toujours facile d'y procéder seul, la véritable origine de vos inhibitions ou de votre mal-être.

Des ressentis différents

Quand on manque de confiance en soi, on manque, à bien y regarder, de confiance en ce que l'on *est* ; en ce que l'on *peut* ; en ce que l'on *veut*.

Par-delà le manque de confiance en tant quel tel, il s'agit de trois formes, de trois natures différentes de ressentis. C'est pourquoi l'on peut douter de ses désirs, mais pas de ses potentiels ; inversement, on peut douter de sa valeur, mais pas de ses désirs, etc.

Ces trois « manques » ne se traduisent d'ailleurs pas de la même manière et n'entraînent pas concrètement les mêmes difficultés. Chacun d'eux provoque des gênes et des inhibitions différentes. Faire cette distinction au niveau de son ressenti est important pour cerner son « problème » et une fois encore remonter plus facilement à son origine.

Par ailleurs, identifier et nommer clairement la nature du manque de confiance vécu et ressenti interpelle *de facto* la conscience profonde de ce que précisément l'on est, de ce que l'on peut et/ou de ce que l'on veut, et favorise ainsi plus rapidement la (re)mobilisation de ces trois ressources personnelles.

À savoir

Il existe un lien entre ces trois ressentis.

Le manque de confiance en ce que l'on *peut* génère souvent (ou dissimule) un manque de confiance en ce que l'on *veut*.

Le manque de confiance en ce que l'on *est* génère la plupart du temps un manque de confiance à la fois en ce que l'on peut et en ce que l'on *veut*.

La confiance en ce que l'on est

Lorsqu'on manque de confiance en ce que l'on *est*, on se voit toujours « en creux », en négatif. On ne voit pas *qui* l'on est, on ne s'accorde pas de valeur.

C'est uniquement – ou presque – comme si on voyait ce que l'on n'est pas, et ainsi, on se dévalorise toujours.

Trop souvent, cela entraîne à se trouver « rien de génial », « moyen », « moche », « nul », « bon à rien », « mauvaise mère », « mauvaise épouse », « mauvais mari », « jamais à la hauteur »…

Ne jamais se trouver assez bien

Mariée, 35 ans, mère de deux petites filles, Anne travaille comme directrice de communication dans une petite entreprise de services. Elle se pose des questions sur son avenir professionnel, doute de sa vocation et de ses compétences. Elle dit ne pas avoir vraiment de formation en communication mais plutôt en économie et se questionne, pour être plus « professionnelle », sur l'opportunité de faire une formation complémentaire. Ses patrons sont pourtant ravis de son travail et le lui montrent, ils l'ont d'ailleurs augmentée récemment.

Mais Anne doute. Elle pense qu'elle approfondit trop certains dossiers, qu'elle est trop lente, qu'elle ne maîtrise pas toutes les dimensions de son job et qu'elle ne connaît pas bien toutes les activités de la société. Parallèlement et paradoxalement, elle s'ennuie à ce poste manifestement sous-dimensionné pour elle, compte tenu de la taille de l'entreprise. Anne, très admirative de sa mère, une femme très brillante qui, comme elle le dit, « a tout réussi : sa vie de femme, de mère et sa vie professionnelle », ne se sent jamais à la hauteur de ce qu'elle fait et n'a pas confiance en elle. Il lui manque toujours quelque chose.

Aussi se retrouve-t-elle dans une impasse : elle ne s'épanouit plus dans son poste, elle souhaiterait quitter cette entreprise mais craint, si elle part, de ne pas retrouver d'emploi facilement. En même temps, elle doute sans arrêt de ses compétences et a besoin d'être rassurée en permanence sur le fait qu'elle donne satisfaction. Comme elle est intelligente, elle a parfaitement conscience qu'elle n'évoluera plus à ce poste, sans pour autant s'autoriser à franchir le pas. Anne pense parfois aussi s'arrêter de travailler, en tout cas un certain temps, pour s'occuper de ses enfants et faire de l'humanitaire. Elle pourrait faire ce choix dans la mesure où son mari gagne très bien sa vie, mais là non plus, elle n'avance pas, car elle a besoin de travailler pour avoir une plus haute estime d'elle-même. Sa mère, comme elle le dit encore, « a toujours tout su mener de front » !

Dominée par une image trop positive de sa mère, Anne ne parvient pas à être fière de ce qu'elle est, et du coup, à être elle-même.

La confiance en ce que l'on peut

Manquer de confiance en ce que l'on *peut* revient à douter de sa capacité à faire, à réussir, à obtenir. On doute de ses potentiels, de ses atouts, de ses moyens objectifs de réussir. On ne prend jamais en compte ses acquis. On se sous-estime et on ne se lance pas.

Ainsi, on ne se sent pas la force ni le courage de se confronter. On reste toujours en deçà de ses possibilités ou bien l'on pense carrément qu'on ne les possède pas.

« Je ne pourrai pas », « Je ne suis pas capable », « Ce n'est pas possible », « Ce n'est plus possible », « Je n'ai pas la formation », « Je n'ai pas le diplôme », « Je ne l'ai jamais fait », « C'est trop difficile », « Je n'y arriverai pas », « L'autre sera meilleur », etc.

Penser être « nulle »

Monique est mariée, mère de trois enfants et travaille comme assistante dans une entreprise industrielle. Elle se trouve carrément nulle comme mère, comme femme, comme assistante et, bien qu'ayant progressé dans sa vie professionnelle, elle doute toujours d'elle, se remet toujours en cause, craint toujours de ne pas y arriver.

Reconnue par tous pour ses compétences, ses qualités et sa capacité à évoluer, quand son entreprise lui propose de faire une formation pour devenir cadre, Monique panique complètement.

Elle ne se sent pas capable de faire la moindre formation ni de la réussir et se met d'entrée de jeu en situation d'échec, se confortant dans l'idée qu'elle est nulle et que d'aucune manière elle ne mérite cette éventuelle promotion.

Monique est l'aînée d'une famille de cinq enfants. Ses parents, dont le métier était très dur, ont eu beaucoup besoin d'elle pour les aider. Au-delà des contraintes financières, ils lui ont fait très tôt arrêter ses études, sans aucun souci de ce qu'elle désirait pour elle et de ce dont elle était éventuellement capable. D'ailleurs, ses parents n'étaient pas très tendres avec elle et sa mère préférait nettement le frère cadet, qui fut le seul à faire des études.

Non soutenue, habituée à servir, Monique en a tiré la conclusion qu'elle ne méritait rien de mieux et qu'elle était incapable de faire autre chose que de rendre service. Même dans sa vie personnelle, elle a tendance à se dévaloriser entièrement, avec une image d'elle-même très négative et la certitude qu'elle est incapable de réussir quelque chose.

La confiance en ce que l'on veut

On doute toujours de ce que l'on désire, ou bien on ne l'identifie pas. On a du mal à savoir ce que l'on veut, et souvent, on ne cherche même pas à le découvrir, comme si on n'en avait pas le droit, comme si ce n'était pas légitime. On doute de pouvoir désirer autre chose que ce que l'on vit ou que ce que l'on a.

« Je n'y peux rien », « Je ne vois pas comment changer cela », « Il est trop tard », « Je ne sais pas ce que je veux », « J'ai tout raté », « Tant pis », « Je n'arrive jamais à me décider », « C'est comme ça », « Je n'ai pas le choix », « Je ne vois pas clair »...

Ce manque de confiance en ce que l'on *veut* est beaucoup plus fréquent qu'on ne le pense, tant dans le domaine professionnel que personnel.

Bien qu'approximativement satisfait d'une situation, d'une relation, d'un poste, très souvent on n'ose pas, on a même du mal à imaginer améliorer les choses pour qu'elles soient plus proches de ses désirs.

Toujours douter de ses désirs...

Susan est assistante de direction trilingue dans une entreprise d'import-export à Paris. D'origine anglaise, elle a 46 ans, est mariée, a un fils de 18 ans. Elle souhaite au fond d'elle-même retourner vivre en Angleterre. Son mari ne serait pas contre, même si cela poserait quelques problèmes d'organisation, son fils non plus. Mais Susan ne se décide pas. Il y a déjà presque sept ans qu'elle hésite et qu'elle se pose des questions : pourquoi repartir ? En a-t-elle tellement envie ? Cela ne cache-t-il pas autre chose ? Parallèlement, Susan a depuis toujours envie d'avoir une activité manuelle, mais là non plus, elle ne prend pas de décision. Après s'être déjà trouvé mille prétextes, elle se dit alors qu'aujourd'hui elle a le temps, qu'elle « aimerait bien faire une activité, mais que ce n'est pas essentiel », qu'« elle verra plus tard », que « cela dépendra aussi de son départ ou non de France ».

Et les années passent... Susan en a conscience mais ne réussit pas à prendre sa décision. En fait, elle ne prend pas ses désirs au sérieux, n'a pas confiance en ce qu'elle veut.

Jeune, elle est venue en France pour échapper un peu à sa famille, très rigide, qui exigeait d'elle de très bons résultats scolaires, mais aussi pour gagner rapidement sa vie. Originaire d'un milieu plutôt modeste, Susan a toujours pensé que l'important était de gagner sa vie et de bien travailler, en classe d'abord, pour ses patrons ensuite. Aussi, même si elle sait qu'elle a une valeur professionnelle et que, compte tenu de son profil, elle pourrait retrouver un emploi assez rapidement en Angleterre, elle ne parvient pas à avoir confiance en ce qu'elle désire.

Ses désirs, ses souhaits ne « peuvent » pas être importants. Ils ne peuvent être que secondaires, et même s'ils la taraudent, Susan ne réussit pas à changer sa façon de voir.

Pour mieux faire la part des choses

Manque de confiance en ce que je suis	***Manque de confiance en ce que je peux***	***Manque de confiance en ce que je veux***
Difficulté à se valoriser	Difficulté à avancer, à progresser, à se lancer	Difficulté à choisir
Difficultés relationnelles	Difficulté à changer	Difficulté à s'engager
Se soumettre, subir	Difficulté à réaliser, à concrétiser	Difficulté à progresser
Difficulté à se lancer	Difficulté à évoluer	Difficulté à réaliser, à passer à l'acte
	Difficulté à décider	Se soumettre
	Se dévaloriser	

Repérer un profond manque de confiance en soi

Certains états émotionnels permanents sont les signes d'un manque de confiance en soi assez voire très profond, allant parfois jusqu'à une certaine pathologie.

Le sentiment d'infériorité

Quand on manque de confiance, on se sent de façon latente, et parfois inconsciente, inférieur aux autres. Ce sentiment d'infériorité est lié à une perception et à une image de soi très négatives et perturbe la capacité à raisonner objectivement, sainement.

Il se caractérise par :

- une autocritique permanente : « J'ai encore oublié », « Je me suis encore trompé », « Je suis nul »…
- un jugement très sévère de ses défauts, ses manques, ses imperfections : « C'est vraiment lamentable », « impardonnable », « en dessous de tout »…
- l'incapacité à percevoir quelque chose de positif en soi : « rien que de très banal », « moyen »…
- la dépréciation de ses qualités, réussites, succès : « J'ai seulement eu de la chance », « C'était facile », « Tout le monde a ça », « Ça n'a rien d'original »…
- l'amplification des erreurs, des échecs : « C'est une catastrophe », « Je suis vraiment incapable »…
- la tendance à ruminer : « J'aurais dû »…
- la survalorisation, l'idéalisation des autres : « Ils sont mieux », « Ils sont plus »…
- la comparaison aux autres, la jalousie : « Je suis moins ceci », « Ils ont plus cela »…
- une tendance à la culpabilité : « C'est de ma faute », « Je n'aurais pas dû »…

- un comportement « persécuteur » avec des personnes plus faibles ;
- la difficulté à imaginer, voire à mener à bien des projets.

De fréquents découragements

Quand on manque de confiance, on est négatif et on a tendance à penser « échec » avant « réussite », « difficulté » avant « plaisir ». On a par conséquent tendance à se décourager avant même d'entreprendre quoi que ce soit.

Le découragement se caractérise par :

- l'exagération des difficultés, des désavantages ;
- une tension et un sentiment d'insécurité constants ;
- la crainte des changements ;
- la crainte des responsabilités ;
- la difficulté à s'engager ;
- une indécision aiguë ;
- un raisonnement brouillé ;
- un défaitisme immédiat ;
- la difficulté à rebondir, la tendance à baisser les bras en cas d'obstacle ;
- une attitude destructrice : rien ne vaut la peine d'être tenté.

Le sentiment de rejet

On éprouve un sentiment de rejet quand on est certain que rien en soi ne mérite l'admiration, l'affection, l'estime, la bienveillance, la tendresse, l'amour. On ne se sent ni aimable, ni désirable, ni intéressant et on en conclut que les autres pensent la même chose.

On se sent souvent critiqué, rejeté. On est très sensible à la moindre remarque, très susceptible, et blessé par un rien. On ne conserve de soi que les images, les souvenirs qui confirment cette mauvaise opinion de soi-même.

On craint excessivement le regard et le jugement des autres en anticipant qu'il sera toujours négatif et dur. On guette les propos d'autrui et leurs réactions.

Cette position perpétuellement défensive génère une difficulté à créer des relations si l'on ne se sent pas accepté d'emblée et/ou inconditionnellement. On a donc tendance à s'exclure soi-même, et on reste toujours sur ses gardes sans jamais vraiment dire ce que l'on ressent.

La honte

On a honte de tout ce que l'on est en réalité : physique, défauts, émotivité, manque de confiance en soi, comportement inadapté ou inefficace, peur de ses réactions, etc. On a honte de tout ce que l'on pense, de tout ce que l'on fait.

On éprouve de la honte dans la mesure où l'on se sent loin de ce que l'on aurait souhaité et rêvé être. On se sent et on se voit en réalité à l'opposé de son « moi » idéal : je ne suis pas celui que j'ai rêvé d'être, par conséquent je ne vaux rien et je ne peux qu'avoir honte de ce que je suis.

Du coup, on n'est jamais bien dans sa peau : on n'est jamais vraiment soi-même non plus. Ce sentiment de ne rien mériter ne prédispose évidemment ni au plaisir ni au bonheur.

L'anxiété

Quand on manque de confiance en soi, on est anxieux de manière latente, et particulièrement lorsque survient une situation nouvelle, imprévue, un challenge, une nécessité de s'exposer, si minime soit-elle.

Cette anxiété est en réalité liée à la crainte de ne pas maîtriser. Elle provoque une attitude défensive.

Cette surmobilisation face à un événement déclencheur provoque souvent un stress excessif. L'anxiété a des répercussions au niveau corporel avec des tensions, du trac, du stress ; elle induit une désorganisation, une dispersion, une attitude de fuite ou d'affolement. Elle génère une difficulté à réfléchir, à se concentrer et une confusion au niveau de son raisonnement.

Dans cet état d'anxiété, on a généralement tendance à fuir les responsabilités ainsi que toute situation nouvelle. À un certain stade, on peut finir par perdre entièrement ses moyens, notamment dans des situations où l'on se sent exposé et menacé. En effet, la peur du regard de l'autre est alors intense, et la honte et/ou la crainte du rejet sont à leur maximum. La situation tant redoutée rend presque phobique.

Les pathologies du manque de confiance

À un degré plus aigu encore, les personnes extrêmement fragiles ne peuvent supporter aucune situation qui les remette en question et/ou qui les confronte à la réalité. On passe alors du stade du mal-être, du handicap, de l'inhibition, à de véritables « pathologies ».

La somatisation

La difficulté ou l'impossibilité à exprimer ce que l'on ressent, à être soi-même, l'anxiété et le stress chronique génèrent des somatisations : maux de tête, de dos, maladies chroniques, ulcères, hypertension, etc.

On sait aujourd'hui que de nombreux symptômes et maladies physiques, même graves, sont liés à des facteurs psychologiques.

La « dépression »

Le manque de confiance perturbe l'humeur qui petit à petit devient instable, « dépressive ». Pouvant aller jusqu'à subir une véritable dépression nerveuse, l'individu qui manque de confiance se fatigue, peut finir par tout voir en négatif et par manquer de dynamisme.

Il risque d'avoir des troubles du sommeil, de l'appétit et du comportement, devenant notamment apathique et/ou irritable et agressif.

La psychasthénie

En proie au doute et à l'indécision en permanence et à tout propos, éléments accompagnés d'un doute sur sa propre personnalité, on se trouve dans l'incapacité d'agir ou de trouver des solutions adaptées ou concrètes, ce qui se traduit souvent par une difficulté et une appréhension à agir.

On peut finir par s'isoler, avec une vie relationnelle et affective pauvre ou inexistante, dans un repli sur soi et une fuite dans ses pensées.

On fait souvent également preuve d'un souci excessif d'exactitude et d'une méticulosité anxieuse. Inhibé tant au plan relationnel qu'au plan intellectuel, on rumine et on est envahi par l'angoisse.

La dépendance aux désinhibeurs

Les prises de toute substance qui désinhibe, comme l'alcool, ou le fait de s'étourdir de manière excessive et récurrente dans des pratiques ou croyances à travers lesquelles on s'oublie et/ou on oublie la réalité sont des symptômes d'un profond manque de confiance en soi.

À savoir

> **Dans tous les cas de manque de confiance profond, il reste toujours possible par courage et volonté, parce qu'on en a le potentiel, d'essayer de résister, de tenir sa place et d'assumer ses responsabilités. Cependant, cela se fait au prix d'un stress permanent, et il devient tôt ou tard incontournable de s'arrêter et de comprendre ce qui se passe en soi, sous peine de dégâts importants.**

CHAPITRE 3

FAITES VOTRE AUTODIAGNOSTIC

Au programme

- **Manquez-vous de confiance en vous ?**
- **Dans quel domaine manquez-vous le plus de confiance ?**
- **Comment vous « sabotez »-vous ?**

Identifier le niveau de votre manque de confiance, en mesurer l'ampleur, en comprendre les mécanismes, est dans tous les cas bénéfique.

Il arrive de penser manquer énormément de confiance en soi quand on n'éprouve en réalité que de légères appréhensions circonscrites et, inversement, penser avoir confiance quand en réalité on en manque beaucoup. Les deux cas sont « piégeants ».

Si le manque de confiance est plus léger qu'on ne le pense, il est bon, sans s'en satisfaire, de dédramatiser et de prendre conscience en parallèle de la confiance qui *a contrario* nous habite. S'il est plus profond qu'on ne le pense, il est alors temps de le – et de *se* – prendre au sérieux !

Par ailleurs, nous l'avons évoqué, on n'est pas toujours conscient de là où l'on s'abîme. Par méconnaissance de soi, parce que cela « fait mal » et parce que l'on se protège instinctivement, surtout si l'on a tendance à culpabiliser de ne pas avoir confiance en soi, on ne prend pas toujours le temps de « savoir ».

Il arrive aussi de refuser de « voir » pour s'éviter d'avoir à changer.

On ne repère pas non plus toujours très bien quelle est la voix intérieure négative sur la base de laquelle on se sabote soi-même.

Faire un autodiagnostic est donc le point de départ pour comprendre ce qui règle ou dérègle votre conduite. Plus on sait avec précision ce que l'on cherche à résoudre et plus vite, *a priori*, on peut évoluer.

Manquez-vous de confiance en vous ?

Test : Avez-vous confiance en vous, et jusqu'où ?

(Pour plus de simplicité dans la présentation typographique, les verbes et adjectifs des exercices sont accordés au masculin.)

Notez pour chacune des phrases suivantes si elle s'applique à vous Toujours, Parfois, Rarement, Jamais.

	T	P	R	J
1. Les changements me font peur.	☐	☐	☐	☐
2. J'ai tendance à subir les situations.	☐	☐	☐	☐
3. J'ai besoin de me sentir indispensable.	☐	☐	☐	☐
4. Je suis effacé.	☐	☐	☐	☐
5. J'ai l'impression d'être inutile.	☐	☐	☐	☐
6. Je suis influençable.	☐	☐	☐	☐
7. Je manque d'audace.	☐	☐	☐	☐
8. J'ai des attitudes fuyantes.	☐	☐	☐	☐
9. Je fais passer mes désirs après ceux des autres.	☐	☐	☐	☐
10. Je vais au-devant des désirs des autres.	☐	☐	☐	☐
11. J'ai du mal à demander quelque chose quand j'en ai besoin.	☐	☐	☐	☐
12. J'ai besoin de tout contrôler.	☐	☐	☐	☐
13. Je ne sais pas dire non.	☐	☐	☐	☐
14. Les critiques me blessent énormément.	☐	☐	☐	☐
15. Je lâche ce qui me tient à cœur au premier obstacle.	☐	☐	☐	☐
16. Je redoute les conflits.	☐	☐	☐	☐
17. Je suis écorché vif.	☐	☐	☐	☐
18. Je me replie sur moi.	☐	☐	☐	☐

19. Je ressasse les événements passés.	☐	☐	☐	☐
20. Je suis anxieux à tout propos.	☐	☐	☐	☐
21. Je ne sais pas exprimer mes émotions, mes sentiments.	☐	☐	☐	☐
22. Je ne me sens pas à ma place en société.	☐	☐	☐	☐
23. Je suis stressé au travail.	☐	☐	☐	☐
24. Je suis mal à l'aise quand on me fait des compliments.	☐	☐	☐	☐
25. Je me trouve inintéressant.	☐	☐	☐	☐
26. Je ne sais pas défendre mes idées.	☐	☐	☐	☐
27. Je me contente de ce que j'ai.	☐	☐	☐	☐
28. J'ai du mal à aller vers les autres.	☐	☐	☐	☐
29. J'ai du mal à me concentrer.	☐	☐	☐	☐
30. Je suis exigeant envers moi-même et envers les autres.	☐	☐	☐	☐

Résultats

Comptez 5 points pour chaque **Toujours** ; 3 points pour chaque **Parfois** ; 2 points pour chaque **Rarement** ; 1 point pour chaque **Jamais**.

Entre 120 et 100

Vous éprouvez un véritable déficit de confiance en vous. Ce manque de confiance vous mine et vous vivez dans une angoisse permanente. Vous êtes probablement très négatif et partez toujours vaincu d'avance. Vous avez presque honte d'être qui vous êtes. De profondes et anciennes blessures vous ont laissé à vif.

Entre 100 et 80

Votre niveau de confiance est faible et vous êtes très anxieux. Vos doutes permanents vous enlèvent vos moyens. Il existe probablement de nombreux facteurs qui vous empêchent de mieux vivre et de vous affirmer.

Entre 80 et 60

Dans le souci de plaire et de ne pas décevoir, vous êtes dépendant du regard de l'autre et vous restez fragile. Votre « moi » idéal vous taraude. Toutefois, vous réussissez probablement plus de choses que vous ne voulez bien le reconnaître.

Entre 60 et 30

Vous avez un niveau très élevé de confiance en vous. Vous êtes équilibré, positif, et vous connaissez vos limites. Vous savez résister à l'échec et mener à bien vos projets. Vos relations aux autres sont saines et constructives. Vous êtes positif et à l'aise dans la majeure partie des situations. Vous devez même être un facilitateur pour les autres.

Il reste à savoir, peut-être, comment donner vraiment le meilleur de vous-même.

Entre 30 et moins

Votre confiance en vous paraît totale. Vous semblez avoir la certitude d'être presque exceptionnel, avec le sentiment d'être supérieur aux autres.

Vous ne vous remettez probablement jamais en question et écoutez sans doute très peu les avis et les désirs des autres. Vous êtes dominateur.

Il reste à vérifier que ce sentiment de supériorité ne cache pas parallèlement un sentiment plus profond d'infériorité !

Ne manqueriez-vous pas un peu de confiance en vous ?

Il arrive de manquer de confiance en soi et ne pas s'en rendre compte, voire d'être très fier de soi. Il est relativement fréquent de ne pas vouloir le reconnaître, de souhaiter (se) le cacher, en pensant, du fait de son éducation ou justement par manque de confiance, qu'il s'agit d'une faiblesse que l'on ne peut (s')avouer.

Même si nous ne les identifions pas toujours comme tels, certains comportements ou certaines attitudes sont très fréquemment les signes d'un manque de confiance. En être conscient peut éviter, le cas échéant, certains « dégâts » sur soi-même ou sur son entourage !

À savoir

Des personnes surprotégées par leur famille ou leur milieu professionnel n'ont pas toujours conscience de manquer de confiance en elles et sont particulièrement démunies quand elles doivent se confronter à certains changements, responsabilités ou épreuves.

Regardez dans les lignes suivantes, même si la liste n'est pas exhaustive, si vous vous retrouvez.

Ces signes peuvent et doivent vous questionner, en sachant que le plus difficile n'est pas tant de reconnaître que l'on manque un peu ou beaucoup de confiance en soi, mais de commencer ou de continuer les remises en cause nécessaires.

Les signaux

Afficher une trop grande confiance en soi

- Avoir une trop grande assurance apparente.
- Mépriser les autres.
- Provoquer des défis permanents.
- S'enorgueillir de ne compter que sur soi et de ne jamais avoir besoin des autres.
- Aller très vite, trop vite.

Des réactions négatives

- Un grand scepticisme.
- Un fréquent pessimisme.
- Un certain cynisme.
- Un manque de confiance dans les autres – « ils vont me tromper, me décevoir dans la vie ».

Un seul domaine de réussite…

- Ne réussir parfaitement que dans un seul domaine.
- Ne jamais rien expérimenter que l'on ne connaisse pas.
- Être très, très fier de ce que l'on a réussi, sans jamais évoquer les domaines où l'on ne s'est jamais risqué…

Trop chercher des signes de reconnaissance

- Rechercher à tout prix un statut social élevé ou une situation matérielle particulièrement avantageuse.

- S'attacher au statut.
- Chercher à se faire « bien voir ».
- Vouloir être dans la norme.
- Se vouloir « irréprochable ».

Ne pas être vraiment satisfait

- S'ennuyer.
- Se sentir frustré.
- Ne jamais faire ce dont on a vraiment envie.
- Ne jamais vraiment se faire plaisir ou avoir du plaisir.
- Faire uniquement son « devoir ».
- Tourner en rond.

Situations et relations

- Choisir des situations que l'on maîtrise parfaitement.
- Choisir des situations dans lesquelles on se rend indispensable.
- S'entourer de personnes que l'on domine entièrement.
- S'entourer de personnes qui ont besoin de soi.

À savoir

Les personnes très sûres d'elles, prétentieuses, qui écrasent les autres, qui se surévaluent en manifestant, voire en affichant, une très forte confiance en elles, cachent parfois en réalité un profond manque de confiance.

Le poids des modèles dominants

On croit parfois manquer de confiance en soi parce que l'on se trouve « trop introverti », « effacé », parce que l'on n'a pas d'« aventures », parce que l'on n'est « pas ambitieux » ou bien encore parce qu'« on n'est pas à l'aise dans les relations mondaines », etc.

Certes, il peut s'agir d'un manque de confiance, mais il arrive que l'on subisse tout simplement le poids de modèles socialement et culturellement valorisés, même si ces modèles ne tentent pas ou ne conviennent pas vraiment.

En effet, il arrive que l'on soit (nous le sommes d'ailleurs tous un peu) victime de valeurs, d'images, de modèles dominants, et ainsi gêné, déstabilisé, intrigué de ne pas leur correspondre entièrement. Toutefois, être un « communicant », être « extraverti », savoir « manager », « réussir », savoir « séduire », avoir un « projet », n'est évidemment pas pour tout le monde la qualité première, le talent majeur, le but à atteindre.

Ainsi peut-on penser manquer de confiance alors qu'en réalité, on ne colle tout simplement pas à certains modèles de réussite proposés, voire imposés. Il faut alors beaucoup de confiance en soi pour résister, ne plus douter de ses choix et préférences, et décider de rester soi-même.

Pour progresser

Si vous vous reconnaissez dans ces lignes, essayez de savoir, par rapport à ce qui vous préoccupe, ce que vous voulez vraiment. Prenez du recul, observez les limites du modèle en question. Et voyez s'il s'agit vraiment d'un manque de confiance. Sinon, faites-vous seulement davantage confiance !

Dans quel domaine manquez-vous le plus de confiance ?

Test

Manquez-vous particulièrement de confiance en ce que vous êtes ? en ce que vous pouvez ? en ce que vous voulez ?

Série 1 : Avez-vous tendance à :

- Craindre de ne pas plaire, de n'intéresser personne. oui ☐ non ☐
- Considérer vos qualités comme « normales », « banales ». oui ☐ non ☐
- Renier votre passé ou vos origines. oui ☐ non ☐
- Ne jamais valoriser vos expériences. oui ☐ non ☐
- Avoir l'impression que vous n'avez rien fait dans votre vie, de votre vie. oui ☐ non ☐
- Toujours passer après les autres. oui ☐ non ☐

- Ne pas prendre soin de vous. oui ☐ non ☐
- Considérer vos réussites comme « normales » ou dues à la chance. oui ☐ non ☐
- Considérer que les autres sont toujours « beaucoup mieux » que vous. oui ☐ non ☐
- Être timide. oui ☐ non ☐
- Avoir peur de décevoir. oui ☐ non ☐
- Craindre de ne pas être accepté. oui ☐ non ☐
- Être sur la défensive. oui ☐ non ☐
- Vous mettre au service des autres. oui ☐ non ☐
- Ne jamais ou très rarement vous mettre en avant. oui ☐ non ☐
- Vous comparer. oui ☐ non ☐
- Envier, jalouser les autres. oui ☐ non ☐
- Être rarement voire jamais satisfait. oui ☐ non ☐
- Avoir un très fort besoin de reconnaissance. oui ☐ non ☐
- Vouloir ressembler aux autres. oui ☐ non ☐

Série 2 : Avez-vous tendance à :

- Avoir des difficultés à prendre des responsabilités. oui ☐ non ☐
- Être inquiet, anxieux. oui ☐ non ☐
- Être « frileux ». oui ☐ non ☐
- Rester dans des situations qui ne vous conviennent pas. oui ☐ non ☐
- Ne pas penser pouvoir vous assumer ou réussir seul. oui ☐ non ☐
- Avoir peur de l'échec. oui ☐ non ☐
- Être parfois trop critique envers vous-même. oui ☐ non ☐
- Difficilement tenter quelque chose de nouveau. oui ☐ non ☐
- Toujours penser ne pas pouvoir rattraper une situation. oui ☐ non ☐
- Manquer d'élan, d'enthousiasme. oui ☐ non ☐
- Penser ne pas pouvoir mener deux choses en même temps. oui ☐ non ☐
- Retarder l'échéance, différer, reculer. oui ☐ non ☐
- Renoncer. oui ☐ non ☐
- Rester en deçà de vos possibilités. oui ☐ non ☐
- Avoir du mal à avancer dans la vie. oui ☐ non ☐
- Rater des opportunités. oui ☐ non ☐
- Vous étonner de vos réussites. oui ☐ non ☐
- Craindre de n'en avoir pas fait assez. oui ☐ non ☐
- Croire que les autres ont davantage d'atouts. oui ☐ non ☐
- Ne pas tenir compte de vos réussites passées. oui ☐ non ☐

Série 3 : Avez-vous tendance à :

- Être surexcité. oui ☐ non ☐
- Être apathique. oui ☐ non ☐
- Ne pas voir clair dans vos choix professionnels. oui ☐ non ☐
- Être irréaliste. oui ☐ non ☐
- Rêver. oui ☐ non ☐
- Douter de vos idées. oui ☐ non ☐
- Douter de vos sentiments. oui ☐ non ☐
- Peser indéfiniment le pour et le contre. oui ☐ non ☐
- Trouver toujours une bonne raison de ne pas faire ce que vous souhaitez. oui ☐ non ☐
- Vous sentir frustré. oui ☐ non ☐
- Trop vous disperser. oui ☐ non ☐
- Ne pas voir clair dans vos relations affectives. oui ☐ non ☐
- Être surchargé. oui ☐ non ☐
- Avoir peur d'être heureux. oui ☐ non ☐
- Ne pas écouter vos désirs, vos souhaits. oui ☐ non ☐
- Avoir du mal à vous faire plaisir. oui ☐ non ☐
- Vous laisser faire par les autres, vous soumettre. oui ☐ non ☐
- Toujours vouloir « faire comme les autres ». oui ☐ non ☐
- Avoir besoin de modèles. oui ☐ non ☐
- Penser que vous êtes en train de passer à côté de votre vie. oui ☐ non ☐

Résultats

Pour chaque série, comptez un point par réponse affirmative.

Résultats A

Série 1 : Si c'est dans la série 1 que vous avez obtenu le plus de points, vous manquez plutôt de confiance en ce que vous êtes.

Série 2 : Si c'est dans la série 2 que vous avez obtenu le plus de points, vous manquez plutôt de confiance en ce que vous pouvez.

Série 3 : Si c'est dans la série 3 que vous avez obtenu le plus de points, vous manquez plutôt de confiance en ce que vous voulez.

Résultats B

Si, sur l'ensemble des 3 séries, vous avez obtenu :

Un total en dessous de 15

Vous manquez finalement peu de confiance en vous. Vos doutes sont d'une certaine manière humains et légitimes, et ne doivent pas constituer pour vous un très gros handicap. Vous avez toutefois sûrement intérêt à prendre encore mieux en compte vos qualités, vos atouts et vos désirs personnels.

Un total de 15 à 30

Vous n'avez pas vraiment confiance en vous et vous avez probablement tendance à douter plus ou moins, en fonction des circonstances. Vous avez tout à gagner à être plus conscient de votre valeur et de vos besoins personnels.

Un total au-dessus de 30

Vous manquez manifestement de confiance en vous et vous y perdez une partie de vous-même. Il existe probablement chez vous une grosse carence qui a sapé votre confiance et qui vous empêche de cheminer plus sereinement dans la vie.

Comment vous « sabotez »-vous ?

Nous avons tous des croyances erronées, qui viennent régulièrement saper notre confiance.

Ces croyances et la manière de déformer la réalité qui en découle ont leur origine dans l'enfance et dans l'histoire personnelle, nous y reviendrons.

Il est intéressant de repérer comment l'on se sabote pour commencer à prendre le recul nécessaire et cesser d'avoir des pensées, des représentations négatives et destructrices pour soi.

Quelles sont vos croyances erronées ?

Quand on manque de confiance, on entretient des croyances rigides sur ce que l'on doit être et/ou sur la manière dont on doit se comporter : ces croyances sont parfois obsédantes.

Le devoir d'être approuvé, apprécié par les autres

« Je dois être aimé par tout le monde », « Je ne dois surtout pas contrarier qui que ce soit », « Il faut que je sois d'accord avec les autres », « Je n'ai pas à donner mon avis », etc.

Le devoir d'être conforme

« Je dois me conformer à ce que l'on me demande », « Je dois me conformer à ce que l'on m'a appris », « Il ne faut pas être différent », « Je ne dois pas me singulariser », « Je ne dois pas me faire remarquer », « Je dois rester dans le moule », « Je ne peux pas faire différemment », etc.

Le devoir d'être parfait

« Il faut que je sois parfait », « Tout ce que je fais doit être parfait », « Je n'ai pas le droit à l'erreur », etc.

Le devoir absolu d'être autonome

« Je dois me débrouiller seul sinon cela prouve que je ne suis bon à rien, que je suis un faible », « Ne compter que sur soi est une force », « Je ne dois pas m'appuyer sur les autres », « Je ne dois rien demander aux autres », etc.

Le devoir de maîtriser vos réactions affectives

« Je dois contrôler mes émotions », « On ne doit jamais perdre le contrôle de soi », etc.

Pour progresser

Repérez autour duquel ou desquels de ces pôles vos croyances tournent. Plus vous identifierez les vôtres avec précision, mieux vous serez en mesure de vous en détacher.

Comment déformez-vous la réalité ?

Les déformations de la réalité sont des distorsions cognitives[2].

Nous opérons un tri dans les informations dont nous disposons en fonction notamment de nos croyances négatives, parvenant ainsi à une vision faussée et toujours négative de la réalité. Repérez à présent comment vous avez tendance à déformer la réalité.

Tirer des conclusions générales

D'un fait précis, vous imaginez et tirez définitivement des conséquences globales et négatives ; vous déduisez que toutes les expériences semblables auront les mêmes résultats. Par exemple :

- Je n'ai jamais de chance.
- Ça ne marche jamais.
- Ce n'est même plus la peine d'essayer.
- Puisque ça se passe mal, je vais tout arrêter.
- Tout ce que j'ai fait jusqu'à présent n'a servi à rien.

Être sélectif

Partant d'un fait, d'un événement, vous vous focalisez sur certains détails et perdez de vue le contexte global ainsi que les éléments plus positifs de la situation ou de la relation, par exemple. Le « choix » de ces détails vous pousse souvent à vous faire croire que c'est vous qui êtes visé, exclu.

- Décidément, il ne m'apprécie pas.
- Je suis sûre qu'il n'a fait cette remarque qu'à moi.
- J'étais la moins bonne du groupe.

2. Qui se rapporte à la faculté de connaître. La psychologie cognitive étudie les processus mentaux et psychologiques liés à la connaissance et à l'apprentissage : traitement de l'information, mémoire, raisonnement, etc.

Être arbitraire

D'un fait, d'une situation, d'une réaction de la part d'autrui, vous tirez des conclusions négatives, sans aucune preuve, tournant parfois à la « paranoïa ».

- Il l'a fait exprès.
- Ils ont voulu m'éliminer.
- Elle n'a pas voulu me donner l'information.
- Elle cherche sans arrêt à me dévaloriser.

Amplifier le négatif, minimiser le positif

Vous amplifiez tout le négatif et vous minimisez le positif et/ou en réduisez l'importance.

Pour progresser

Repérez vos modes préférentiels de déformation de la réalité. Ils ne sont pas exclusifs, mais si vous êtes attentif, il devient plus facile de voir la réalité comme elle est, c'est-à-dire souvent bien moins négative qu'on ne se l'imagine.

PARTIE 2

POURQUOI MANQUE-T-ON DE CONFIANCE EN SOI ?

Dans la mesure où chaque individu devrait avoir foi en lui, en qui il est, pourquoi perd-on cette confiance ? Pourquoi ce sentiment de sécurité fait-il plus ou moins cruellement défaut ? Pourquoi a-t-on une image de soi parfois si négative ?

De nombreux facteurs, souvent d'ailleurs liés entre eux, sont à l'origine du manque de confiance en soi ; c'est la raison pour laquelle nous en manquons, peu ou prou, tous un peu.

Leur interaction et leur combinaison génèrent un manque de confiance abyssal ou plus léger et impactent différemment les individus dans leurs ressentis et leurs difficultés.

Si l'on creuse l'histoire personnelle de personnes confiantes en elles, on s'aperçoit que le besoin fondamental de se sentir accueilli, apprécié, valorisé, a chez elles toujours été en grande partie comblé, et qu'il l'est encore toujours plus ou moins.

L'inverse est tout aussi vrai. Il existe toujours, à l'origine d'un profond manque d'assurance, le doute sur sa capacité à être accepté et aimé tel que l'on est.

CHAPITRE 4

UNE CONSCIENCE DE SOI « EN NÉGATIF »

Au programme

- **Relation à la mère et narcissisme**
- **Le rôle spécifique du père**
- **Le sentiment d'exister pour soi-même**

C'est le regard de l'autre et la relation avec lui qui permettent, notamment dans l'enfance, d'instaurer une conscience de soi et un narcissisme positifs.

Dès le départ, c'est à travers le « regard » de ses parents que le petit enfant se sent exister et se sait reconnu. La relation à la mère et au père, de même que la « place » que l'enfant, voire le nouveau-né, a dans la famille, sont donc déterminants dans l'élaboration de cette conscience si précieuse.

S'il y a eu un manque d'attention, d'amour, de reconnaissance, la relation à soi-même et l'image positive de soi sont perturbées.

On le sait : c'est le regard d'amour qui fait *exister*. Ainsi, chaque fois que le regard sur soi, l'accueil que l'on reçoit, sont négatifs et/ou que la relation est uniquement « fonctionnelle », la conscience de soi est elle aussi fragile et négative.

Relation à la mère et narcissisme

Même une fois adulte, on se sent existant et valorisé à travers le regard positif de l'autre sur nous. C'est dire combien ce dernier est déterminant pour un bébé qui n'a encore aucune conscience de qui il est.

Le regard de la mère et les soins qu'elle donne à son enfant nourrissent en tout premier lieu la conscience de soi. Les premiers contacts, les premiers touchers, les premières caresses, les premiers mots et intentions à son égard sont déterminants.

Le regard positif ou non qu'elle porte sur son bébé, la façon dont elle en prend soin, l'attention dont elle l'entoure, la nature de l'amour qu'elle lui prodigue et que l'enfant ressent créent la base de la conscience de soi et de sa nature plus ou moins positive. Une mère aimante, enveloppante, sécurisante, tendre, sensuelle ne génère pas pour son enfant la même conscience qu'une mère absente, brutale ou rude. Comme le dit Michèle Freud, « nous savons qu'un regard, une parole, un geste de la mère peut entraver une perception et un ressenti positifs du corps et créer des blocages. Toutes les femmes notamment qui n'acceptent pas leur corps ont eu une relation d'amour à leur mère perturbée ; un manque de soin, de caresses, de présence, d'amour[3]. »

À partir de son ressenti, de sa perception, l'enfant se vit différemment et prend conscience de lui-même comme un « objet » ou un « sujet » digne ou non d'attention et d'amour.

La conscience et l'image positive de soi sont de toute évidence moins liées à l'aspect physique objectif et aux qualités intrinsèques qu'à l'amour et aux caresses rassurantes qui ont été prodiguées, et à ce ressenti profond d'avoir un corps *aimable* qui permet ainsi de pouvoir fièrement l'habiter.

3. Michèle Freud, psychothérapeute, « Apprendre à aimer son corps » in *Vie Pratique Madame*, octobre 2009.

C'est en tout premier lieu la sensation, le ressenti à la fois d'« exister » et d'être « aimable » qui créent une conscience positive de soi et qui procurent aussi un sentiment de sécurité.

Corps et image de soi

S'accepter malgré ses défauts et se trouver « beau » passe par la relation à la mère. « Un corps malaimé est un corps qui n'a pas été aimé[4]. »

Beaucoup de femmes courent toute leur vie après un corps parfait, idéal. La plupart du temps, les disgrâces dont elles se sentent affligées et dont elles se plaignent sont moins dues à la réalité de leur corps qu'à un manque d'amour et/ou à un problème d'identité non résolu.

De la même façon, courir après un idéal de soi, rechercher la perfection, l'absolu, chercher qui l'on est, est souvent lié à cette relation insécurisante avec la mère.

Plus tard, la liberté donnée à la sensualité, à la sexualité, à l'expression du corps, développe aussi une conscience et une image plus ou moins positive de soi.

« Se sentir belle relève avant tout d'un sentiment intérieur de sécurité, d'une confiance en soi qu'il n'est pas toujours facile d'acquérir[5]. » Et dans cette acquisition difficile, le rôle de la mère est crucial. « Mieux vaut avoir bénéficié d'une mère qui vous a encouragée et qui vous a fait des compliments plutôt que de vous critiquer[6]. »

4. *Idem.*
5. *Idem.*
6. *Cf.* interview de Serge Hefez, psychiatre et psychanalyste, « Mères, filles et confiance en soi », Fonds de l'estime de soi Dove, http://www.youtube.com/watch?v=YUXS2Xleuy8.

Un narcissisme qui se transmet

Le rôle de la mère est également crucial dans la transmission de l'amour de soi. Une mère qui ne s'aime pas elle-même aura du mal à transmettre cette sécurité à sa fille.

Ainsi se voir trop grosse, pas assez belle, peut être symptomatique d'une mauvaise transmission de l'amour de soi de mère en fille dans la mesure où, comme le dit Serge Hefez[7], la mère est un miroir pour sa fille.

Le rôle spécifique du père

Le père a également un rôle spécifique : il doit donner confiance à son enfant en l'éduquant, en lui apportant un enseignement, en l'aidant à s'ouvrir au monde, en partageant avec lui des activités, en d'autres termes, comme le dit Daniel Paquette[8] « en l'activant ». Le lien affectif favorise alors l'apprentissage. Plus le lien est fort, plus l'enfant est en confiance, et plus il prend confiance.

En jouant, puis en ayant des activités avec son enfant, le père lui apprend à réagir aux événements imprévus, à la nouveauté ; il l'aide à prendre confiance dans des situations de compétition, à prendre sa place, à faire valoir ses droits.

Le père doit dynamiser et stimuler l'enfant en le confrontant à l'environnement physique et social afin qu'il développe des habiletés, tout en l'assurant de sa protection et en lui donnant des limites et des règles qui le sécurisent.

Au quotidien, le père doit inciter et encourager l'enfant à prendre des initiatives, à s'aventurer, à explorer par lui-même son environnement, à être plus audacieux, à s'affirmer.

---

7. *Idem.*
8. Daniel Paquette, psychiatre, ocf.rvpaternite.org/documents/3.bDanielPaquetteimpactdupere.pdf.

Il doit de même l'aider et l'encourager à avoir des relations « sociales », en l'aidant là aussi à se confronter à la réalité et à s'intégrer, en lui donnant les codes de ces relations de manière à ce qu'il soit à l'aise et qu'il sache comment se comporter.

Au bout du compte, l'enfant ainsi sécurisé et « protégé » est confiant dans son exploration : il a confiance en son père et aura généralement confiance en lui lors de situations nouvelles ou même à risque.

Un père surcontrôlant, ou qui encourage peu l'enfant à explorer par lui-même, en fera une personne exagérément prudente, passive, anxieuse.

Quand le père joue ainsi ses rôles, il aide son fils ou sa fille à faire ses premiers pas vers l'extérieur, à trouver sa place et à construire petit à petit sa confiance en lui, tant dans ses relations sociales que dans sa relation au monde.

Le sentiment d'exister pour soi-même

Plus l'enfant a le sentiment d'être aimé et reconnu pour ce qu'il est, plus il prend conscience de qui il est et plus il se sent exister.

Avoir été désiré

Plus l'enfant a été désiré pour lui-même, c'est-à-dire avec un projet parental autre que seulement « faire des enfants », « devenir parents », « faire comme tout le monde », « se faire plaisir », « ne pas être seuls », etc., plus il a conscience de lui-même.

En effet, il est alors investi comme un être à part entière, donc méritant pour lui-même d'être en vie et d'exister.

Inversement, ne pas avoir été désiré ou incomplètement, l'impression d'avoir été « fait » par devoir, ennui, réparation, avoir été et/ou s'être senti une « erreur », un « accident », un « alibi », un « pis-aller », un moyen de chantage, un enjeu personnel pour l'un des deux parents, ne peut favoriser à la base la conscience de soi, ni d'ailleurs l'amour de soi, car le désir et l'intention initiaux des parents n'étaient pas en priorité de donner sa vraie place à l'enfant.

Incapable de s'engager

Béatrice approche de la trentaine. Plutôt jolie, avec un diplôme de Sciences-Po en poche, elle ne réussit pas à avancer dans la vie, à construire sa vie. Elle est même totalement perdue et ne sait pas du tout ce qu'elle veut faire, ni au plan sentimental ni au plan professionnel. Elle va d'un homme à l'autre, d'un projet à l'autre. Elle rêve, fantasme, mais ne réussit jamais à s'engager, ou alors toujours avec des partenaires qui ne lui correspondent pas. En revanche, chaque fois que quelqu'un lui fait confiance, est prêt à l'aimer, elle fuit.

Au fond, Béatrice n'a pas du tout confiance en elle. Sa mère ne désirait pas d'enfant et son père voulait un garçon. De plus, leur couple est très conflictuel, et au dire de Béatrice, sa mère est peu féminine, peu tendre, peu câline, et son père très exigeant, axé uniquement sur la réussite scolaire et sociale.

Dans ce contexte, Béatrice n'a pu être confortée dans l'idée qu'elle était aimable, appréciée, attendue, et elle doute de tout !

Être considéré comme une « personne »

Enfant, plus on est considéré comme une *personne*[9], un sujet, au-delà d'être le « bébé », la « fille » ou le « fils » de ses parents, plus la conscience de soi est forte et plus la confiance est ancrée.

Or, l'enfant, même entouré, aimé, est rarement regardé, considéré pour ce qu'il *est* lui, c'est-à-dire comme un *être* unique et fondamentalement *libre*, en dehors du désir de ses parents, de leurs besoins, de leurs projections sur lui, des rails sur lesquels ils souhaitent le mettre, du rôle qu'ils cherchent eux-mêmes à remplir en devenant parents et auxquels il cherche forcément à se conformer.

9. Carl Rogers, psychologue et psychothérapeute américain, est le père d'une théorie et pratique psychothérapeutique centrée sur l'empathie et sur la personne. Par *personne*, il entend – dit très synthétiquement – l'être dans son authenticité et son unité, ou dit autrement, dans sa vie intérieure.

On attend souvent de lui qu'il fasse « bien » ce qu'on lui demande, ou alors on le laisse faire n'importe quoi sans toujours écouter, regarder, reconnaître ce qu'il *est*, *qui* il est, et en projetant le plus souvent sur lui un désir de réussite, de performances, de normalité, parfois aussi celui qu'il reste un enfant, par exemple.

La mère qui ne voit en son enfant que son bébé ne le considère pas comme un être à part entière, et l'on sait combien les relations fusionnelles ne donnent pas confiance à l'individu, qui ne réussit pas à se sentir exister de manière autonome.

La mère qui s'investit uniquement dans son rôle de mère, qui n'a pas d'homme dans sa vie, qui a besoin de son enfant, n'a pas un regard sain sur lui et ne le voit pas toujours comme une personne.

De son côté, le père, censé le socialiser, projette souvent sur l'enfant ses propres désirs et/ou inhibitions, sans le regarder lui non plus ni le reconnaître comme un être unique, et cherche souvent à le policer, à trop le « lisser ».

Considération des parents pour eux-mêmes

Regarder son enfant comme une *personne*, un *sujet* qui dit *je*, nécessite de se considérer soi-même comme tel. Or, cette perception de soi est assez rare. Elle suppose d'abord un bon niveau de confiance en soi, mais surtout une conscience de soi, avec la sensation d'exister et d'avoir une valeur en *soi* en dehors de ce que l'on a réussi, réalisé.

Les parents n'ayant pas eux-mêmes été regardés comme des *personnes* ont forcément du mal à considérer leurs enfants comme tels.

De plus, à être dans leur rôle de parents, ils perdent d'autant plus souvent de vue cette dimension d'eux-mêmes. Combien de mères, par exemple (les pères aussi, parfois), perdent la conscience de ce qu'elles sont, de qui elles sont, parce qu'elles vivent trop dans le « devoir » et/ou à travers le « rôle » qu'elles ont à tenir !

À savoir

À l'âge adulte, tant dans la vie personnelle que professionnelle, on est souvent davantage valorisé et considéré par rapport au rôle que l'on remplit, au poste que l'on occupe, au devoir que l'on accomplit, à l'image que l'on donne, à ce que l'on apporte, qu'en fonction de *qui* l'on est vraiment.

Dans la vie privée aussi, il est souvent demandé de jouer son rôle, sans qu'il y ait toujours parallèlement de regard porté sur *soi*.

Or, ce type de considération, même si elle a aussi son importance, n'est pas suffisante pour créer ou maintenir une conscience de soi dans la mesure où il est difficile de prendre conscience de soi en répondant seulement à des demandes et/ou en donnant satisfaction. C'est la reconnaissance de l'être profond qui est nécessaire.

Mauvais consultant, mauvais mari, mauvais père...

Yves est consultant informatique, une profession qui l'intéresse énormément et à laquelle il donne beaucoup. À la suite de restructurations, il a déjà été remercié deux fois, sans que quiconque, au-delà du chèque relativement important qui lui a été remis à chaque fois, se soit véritablement préoccupé de son devenir ou même ait eu le courage de le remercier à titre personnel pour ses apports et ses services. Dans son poste actuel, on a tendance à lui en demander toujours plus en termes d'objectifs, et Yves craint toujours de ne pas pouvoir faire face.

Chez lui, les relations avec son épouse et ses enfants sont tendues, et il a souvent l'impression, du fait qu'il gagne très bien sa vie, d'être surtout apprécié pour le standing qu'il offre à sa famille.

S'étant un peu éloigné de ses enfants à cause de ses horaires lourds, de ses déplacements fréquents, Yves a beaucoup compensé matériellement mais se vit essentiellement aujourd'hui – pour reprendre ses propres termes – comme un « porte-chéquier ». Il reçoit peu de manifestations d'affection, peu de signes d'intérêt.

Ainsi, à 56 ans, Yves a un sentiment d'échec. Il a l'impression que pour être apprécié, « aimé », il est condamné à en donner toujours plus. Il se sent un mauvais consultant, un mauvais père, un mauvais mari, et il a perdu confiance en lui.

De fait, en pensant n'être apprécié que parce qu'il remplit ses rôles, Yves fait non seulement face à un puits sans fond, mais surtout, il finit par croire qu'il ne mérite pas l'amour ni l'estime, qu'il est seulement bon à faire ce que l'on attend de lui.

Quand il prend conscience qu'il mérite bel et bien cet amour et cette estime, bien sûr pour ce qu'il fait, mais surtout pour ce qu'il est, il retrouve petit à petit confiance en lui. C'est à nouveau à l'homme qu'il fait une place, place que les autres avaient tendance à oublier et qu'il avait lui-même fini par perdre de vue.

Pouvoir être soi-même

Enfin, il est fréquent que l'enfant endosse des rôles que les membres de la famille lui ont « demandé » implicitement de prendre ou qu'il s'est lui-même attribués, précisément pour « exister » et/ou pour voler au secours d'un membre de la parenté : le rôle du « gai », du « solide », du « gentil », du « pont » entre les parents, etc.

L'impression de ne pas exister en dehors de ce rôle ne favorise pas non plus la conscience de soi.

Pourquoi manque-t-on de confiance en soi ?

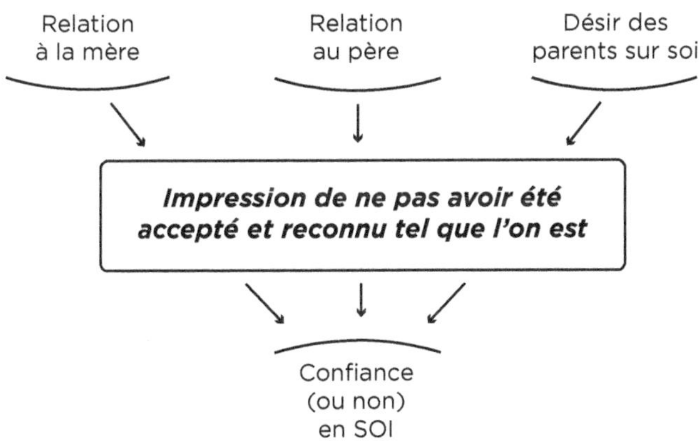

CHAPITRE 5

UNE CONSTRUCTION TROP FRAGILE

Au programme

- **Le besoin de « relation »**
- **Le besoin de valorisation**
- **Le besoin de soutien**

C'est la manière dont un individu se construit dans l'enfance et dans l'adolescence qui lui donne la base, l'assise à partir desquelles il peut se développer, grandir en sécurité et en confiance. La relation, la valorisation, le soutien sont les pierres de cette construction.

Même si chaque individu bénéficie de présences, d'appuis, de repères, de nombreux facteurs la fragilisent. S'il en était autrement, bien davantage de personnes auraient confiance en elles !

Le besoin de « relation »

Tout individu se construit, se sent exister dans la relation à l'autre. Après les premières relations à sa mère d'un côté, à son père de l'autre, c'est notamment à travers la communication et le dialogue qu'une personne se structure.

Le manque de communication

La relation à l'autre, et notamment la communication avec lui, est nécessaire pour grandir. Quand quelqu'un nous parle, il nous reconnaît, on existe – et vice versa.

En effet, on se sent alors suffisamment important, intéressant, pour que l'autre, en l'occurrence au départ le parent, nous accorde du temps, de l'attention, et communique avec nous en nous encourageant parallèlement à nous exprimer.

De fait, communiquer, parler, être entendu nous fait exister et nous permet également de nous construire, dans la mesure où il y a échange et confrontation, expression et affirmation de soi.

Même une fois adulte, plus on échange, plus on partage, plus on « dit », plus on renforce sa conscience et sa confiance. Bien sûr, moins on a appris à communiquer enfant, moins on a confiance en soi et moins on communique ensuite avec les autres !

Souvent, les personnes qui manquent de confiance en elles ont très peu communiqué et partagé dans leur enfance. Silences, non-dits, manque de temps, habitudes, sectarisme, comportement autoritaire ou fermé d'un ou des parents, moqueries, tabous, interdits : on prend très vite l'habitude de se taire.

De toute évidence, selon qu'il y a eu ou non communication, que l'on a appris ou non à communiquer, on est plus ou moins entraîné à s'exprimer, à s'écouter, et à avoir la sécurité de pouvoir être entendu et reçu.

À savoir

Même une fois adulte, le manque de communication dans les relations amoureuses, familiales, professionnelles ne favorise pas le développement de la confiance en soi.

Un manque d'écoute

La relation nécessite la confiance, et par conséquent le fait de se sentir écouté et entendu. Quand cela n'existe pas, l'individu ne s'exprime plus, et perd non seulement confiance dans les autres, dans leur capacité à le recevoir, à l'accueillir, mais aussi en ce qu'il ressent, en ce qu'il pense, en ce qu'il désire.

En dehors de l'absence même de communication, les parents qui désirent fortement voir leur enfant opter pour telle ou telle orientation, tel ou tel choix de vie, ne l'écoutent pas et ne lui laissent pas la place de s'exprimer.

Le parent dévalorisant, dominateur, moralisateur, qui prend trop de place, n'écoute pas non plus.

Combien de personnes n'ont pas trouvé leur confiance en elles, ou l'ont perdue, parce que, lors de l'enfance ou de l'adolescence, elles n'ont pas osé exprimé et/ou le parent n'a pas entendu qu'elles préféraient telle ou telle orientation, tel ou tel camarade, telle ou telle couleur, qu'elles étaient amoureuses de tel ou tel…

Le sentiment de n'avoir pas été écouté ni entendu, notamment à des moments difficiles, de crise, ou bien dans ses désirs les plus profonds, entrave la relation et génère même un ressenti d'abandon, de trahison.

Interdit d'aimer

À 36 ans, Sylvain doute complètement de sa capacité à entrer en relation et plus particulièrement à intéresser une femme. Élevé dans un milieu très dur, avec des parents qui ne communiquaient pas du tout, Sylvain, très sensible, ne s'est jamais senti écouté ; du coup, il s'est même senti rejeté, non aimé.

De plus, la seule fois, adolescent, où il a tenté de parler à son père et d'évoquer les sentiments qu'il avait pour une jeune fille de son âge, ce dernier n'a pas eu d'autre réaction que de lui interdire de continuer cette relation pour ne pas gâcher ses études.

Non écouté, non entendu, non respecté dans ses désirs, ses émotions, ses sentiments, avec la crainte, de surcroît, d'être toujours rejeté, de déranger,

Sylvain s'est depuis refermé sur lui-même. Il n'ose plus parler de lui et craint profondément de ne jamais pouvoir être « entendu ».

S'il a parfaitement réussi sa vie professionnelle et matérielle, sa vie affective et relationnelle reste difficile. Ayant été, d'une certaine façon, nié et renié, il doute de l'intérêt de ses propos, de ses désirs, mais surtout de la place qu'il peut gagner dans le cœur des autres.

Le manque d'expression

Pouvoir s'exprimer, dire ce que l'on ressent, ce que l'on pense et ce que l'on désire favorise la conscience de soi, développe la connaissance que l'on a de soi et renforce la sensation de vivre et la confiance en soi. En un mot, tout cela *construit*.

Quand l'enfant n'a pas pu s'exprimer, à défaut même d'être entendu, une pierre manque à son édifice, et cela ne l'aide évidemment pas à y parvenir par la suite.

Émotions, sentiments et désirs

Exprimer ses émotions, ses sentiments est nécessaire pour se construire.

Les parents qui expriment peu les leurs n'encouragent pas leur enfant à le faire, et bien souvent ne les entendent pas non plus.

Dans certains milieux où règnent le non-dit et le contrôle de soi, il est parfois peu admis, voire interdit, d'exprimer ses émotions et ses sentiments. Ne pas avoir pu les exprimer, ou le fait qu'ils n'aient pas été entendus, ne construit pas l'individu dans ses ressentis ni dans son expression affective.

Il en va exactement de même quant à l'expression des désirs.

Le besoin de valorisation

Nul doute que s'être senti, se sentir valorisé donne confiance en soi et aide à se construire.

La valorisation passe à la fois par la reconnaissance de qui l'on est et par celle de ses qualités, de ses caractéristiques, de ses talents.

Un simple manque d'attention

Nous avons évoqué l'importance du regard de l'autre.

Le manque d'attention dévalorise. Quand quelqu'un compte à minima pour soi et qu'il ne nous prête pas attention, on en déduit rapidement que l'on n'a pas d'intérêt. Prêter attention, c'est s'intéresser à l'autre pour ce qu'il est ; c'est aussi exprimer ce que l'on reconnaît et ce que l'on valorise chez lui.

Or, par manque de temps ou d'habitude, les parents ne prêtent pas toujours suffisamment attention à leur enfant. Ils se focalisent sur sa santé, sur ses résultats scolaires, ou bien sur ce qui flatte ou heurte leur ego, sur ce qui leur facilite ou non la vie.

Ils ne prêtent pas toujours non plus attention aux échecs ou aux événements vécus comme tels par l'enfant ou l'adolescent, ni à ses doutes, entérinant indirectement ainsi qu'il existe bien une raison de douter. Ce dernier ne peut alors être rassuré ni restauré dans l'estime de lui-même.

D'autre part, la valeur, les qualités d'un enfant au sein même de sa famille ne sont pas toujours remarquées, évoquées, développées. Les parents n'ont d'ailleurs souvent pas eu eux-mêmes l'habitude d'être valorisés.

Culturellement, par pudeur, parce que cela semble évident, par manque d'habitude là encore à communiquer, on exprime assez peu ce que l'on valorise chez l'autre. De même, on est plutôt avare de compliments, avec une tendance assez répandue à dire le négatif et non le positif. Dans de tels contextes, un enfant ne peut se sentir mis en valeur.

En définitive, sans qu'il y ait à proprement parler eu intention négative, désamour ni même désaveu, le sujet se sent peu digne d'intérêt, sans valeur.

Même adulte, si l'on nous ignore, si l'on ne nous « regarde » pas, si l'on est indifférent à notre égard, si l'on ne nous remercie jamais ou bien si l'on ne reconnaît jamais nos qualités, nos efforts, nos mérites, on perd petit à petit confiance en soi et on peut même finir, quand cela est systématique ou récurrent, par perdre les bases de son identité et par ne plus savoir « qui l'on est » ni « comment on s'appelle » !

À savoir

> **Moins on a été valorisé, plus on a de mal à se mettre en valeur, à mettre en valeur ses vrais points forts. Quand quelqu'un nous valorise, on ne le croit pas, on ne réussit pas à l'intégrer. On doute toujours.**
>
> **Au mieux, on peut accepter la place que les autres nous font ou bien la valeur qu'ils nous attribuent, mais il est beaucoup plus difficile de s'accorder suffisamment de valeur à soi-même afin d'avoir vraiment confiance en soi.**

Pourvu que ça fonctionne...

Patricia a 28 ans. Fille unique, elle a été élevée dans une famille très dynamique, avec des parents ouverts, tous deux médecins, très impliqués dans leur métier. Elle vient de se marier et réussit très bien dans sa vie professionnelle, où elle ne cesse de progresser. Pourtant, elle manque dramatiquement de confiance en elle.

Elle ne comprend pas aujourd'hui d'où vient son problème, puisque ses parents l'ont toujours soutenue, que ses relations avec eux ont toujours été fluides, sans heurts, qu'elle a toujours pu communiquer avec eux et que sa vie a toujours été parfaitement organisée.

En fait, dans son enfance et son adolescence, tout a toujours été si parfait dans l'organisation, le fonctionnement de la famille, la gestion des loisirs, des études, de la vie professionnelle, familiale, sociale, qu'au fond d'elle-même, Patricia s'est plutôt vécue et considérée comme une belle « machine » intelligente qui se devait avant tout de bien fonctionner, sans créer de problème, pour que tout aille bien. C'est ce qu'elle avait perçu en priorité du regard que ses parents portaient sur elle.

Du coup, non seulement elle ne s'autorisait pas le moindre dysfonctionnement, la moindre erreur, la moindre faiblesse, mais encore, fondamentalement, elle manquait de confiance en elle, puisqu'elle s'était essentiellement vécue comme une machine à bien fonctionner. On fait confiance à un individu pour ce qu'il est et à une machine pour sa capacité à bien fonctionner. D'une certaine manière, les parents de Patricia, compte tenu de leur vie, avaient tellement mis l'accent sur la perfection de l'organisation qu'elle n'avait en quelque sorte pas intégré sa dimension plus riche, plus complexe, plus humaine, en laquelle elle aurait pu avoir vraiment confiance.

Cette carence sapait sa confiance profonde en elle-même, son assurance. À la limite, Patricia pouvait avoir une confiance limitée et superficielle dans sa capacité à gérer quand tout allait bien, mais en aucun cas une confiance de fond.

Un regard négatif

C'est parce que des personnes ont un regard positif qu'elles donnent confiance. C'est le cas du parent, d'un professeur, d'un ami, d'un amoureux, d'un thérapeute… Quand, au-delà du manque d'attention, le regard est négatif, il ne s'agit plus d'un manque de valorisation mais d'une dévalorisation de soi.

C'est le cas quand un enfant ne correspond pas aux attentes ni aux désirs, même inconscients, de ses parents. Que cela soit exprimé ou non, il y a souvent chez les parents, ou l'un des parents, le fort désir de voir leur enfant être « ingénieur », « manuel », « grand », « sportif », « matheux », « artiste », « doué », etc.

Si l'on a senti dans sa famille que telle qualité, tel atout, telle caractéristique était valorisé, on a soi-même spontanément tendance à se dévaloriser si l'on ne les possède pas. Ainsi, ce n'est pas le manque d'un diplôme ou la faiblesse en mathématiques qui fait perdre confiance en soi, c'est la valorisation familiale et/ou sociale du diplôme et/ou des mathématiques.

Par ailleurs, des comparaisons faites dans la famille à son détriment avec le frère, la sœur, le cousin, le premier de la classe, le parent lui-même qui, « à ton âge… », le surdoué du quartier, ne contribuent pas non plus à se sentir valorisé.

Indigne d'avoir un projet

À 47 ans, licencié d'une société en restructuration, François a un projet de création d'entreprise, grâce à une bonne assise financière. Passionné, il réalise des maquettes depuis déjà très longtemps et souhaite reprendre un petit magasin dont c'est déjà l'activité, qui tourne bien, dans une ville voisine de celle qu'il habite. Son projet serait de le développer. Il a tout étudié, établi le bilan prévisionnel, vu les banques : tout semble possible.

Cependant, il hésite depuis déjà quatre mois, perd petit à petit confiance en lui et déprime. Il n'est pas sûr d'en être capable, il n'a jamais eu de relation directe avec la clientèle, il n'a jamais fait de comptabilité, etc. D'anciens échecs scolaires lui reviennent en mémoire. En fait, hormis sa femme, tout le monde a tendance à le décourager : ses anciens patrons, ses collègues, ses parents qui, de plus, n'ont jamais vraiment eu confiance en lui et l'ont plutôt toujours dévalorisé en comparaison du frère aîné. Outre le fait que tous projettent plus ou moins sur lui leur propre peur de l'inconnu, leur propre besoin de sécurité, ils ne « regardent » que le projet sans prendre en compte la motivation, les talents, l'expérience, la trajectoire, les qualités personnelles de François.

Au-delà des doutes légitimes et rationnels nécessaires dans ce type de décision, c'est la non-reconnaissance de son projet, de son envie de créer son entreprise qui décourage François, comme si, au-delà même de ses compétences objectives pour le mener ou non à bien, il n'était pas digne d'avoir un projet, un désir personnel.

La non-reconnaissance d'une partie de soi

C'est parfois une partie de soi qui est dévalorisée.

C'est le cas par exemple si l'on est une fille et que les parents auraient préféré avoir un garçon, ou bien l'inverse – qui est toutefois beaucoup plus rare !

Parfois, un désir, un talent, ou une caractéristique a été dévalorisé, non reconnu ou ignoré : vouloir faire du dessin, être casanier ou au contraire aventurier, avoir tel goût pour s'habiller, etc. Plus cette partie de soi est essentielle, intime, plus l'individu risque de perdre confiance en lui.

Des regards négatifs plus implicites sont parfois portés sur l'enfant ou l'adolescent qui n'entre pas dans le moule, qui ne correspond pas aux modèles valorisés plus ou moins consciemment dans la famille, ou, plus largement, dans son milieu social. Le milieu d'origine (par exemple ouvrier, paysan, modeste, immigré, etc.) peut lui-même être socialement dévalorisé.

À savoir

Quand une partie de soi a été non reconnue ou dévalorisée, le sujet la méconnaît. Il la dévalorise lui-même plus ou moins consciemment, la minimise, s'en moque, ne la prend pas au sérieux. Il lui arrive aussi de la refouler ou même d'en faire, *a contrario*, un complexe.

En tout cas, il a du mal à la valoriser, à la voir comme positive, différente, spécifique. Elle est vécue en « négatif ».

Ignorer son intelligence

Nicole a 42 ans et vit seule avec son fils. Salariée de banque depuis vingt ans, elle a connu, depuis son premier poste à la saisie, une assez belle progression, compte tenu de ses qualités personnelles et d'un excellent état d'esprit. Aujourd'hui, son entreprise en restructuration tient à la garder dans ses effectifs et lui propose un poste intéressant à la gestion, avec une formation adaptée.

Tout en étant très intelligente, fine, s'étant beaucoup cultivée par elle-même, ce qui explique sans doute son évolution, Nicole manque totalement de confiance en elle, ce que l'on ne cesse d'ailleurs de lui répéter dans son milieu professionnel.

Élevée « en fille » par des parents assez âgés, mariée jeune, Nicole, qui est vraiment une très jolie femme, fine, féminine, n'entend même pas quand on lui dit qu'elle est intelligente.

Valorisée et existant uniquement à travers son physique, elle ne peut imaginer faire quelque chose avec sa tête qui, tout simplement, a été niée, ignorée, méconnue.

À 42 ans et malgré les encouragements de son milieu professionnel et de son fils, Nicole « ignore » qu'elle est intelligente...

Bon à rien

Xavier, issu d'une famille traditionnelle de banquiers, quitte le milieu de la banque où il travaille depuis presque douze ans, soulagé car cet univers ne lui a jamais convenu, il s'y est toujours profondément morfondu.

Original, plein d'esprit, de créativité, avec le sens du service, il se trouve dans un premier temps totalement « sec » sur ce qu'il souhaite faire. Se considérant comme un « piètre banquier », il pense n'être vraiment « bon à rien ». « Bon à rien » sous-entendu : « si ce n'est à la banque » !

Xavier est persuadé de ne pas pouvoir être « bon » à quoi que ce soit d'autre puisque, dans sa famille et depuis des générations, seules les qualités de gestion et le goût pour la finance, qu'il n'avait pas, lui, ont été valorisés !

À quoi d'autre être « bon », alors ?

Une dévalorisation déclarée

Il arrive enfin d'avoir été carrément critiqué, ridiculisé, nié, interdit par une famille qui a ainsi violemment contrarié des penchants, des choix, des affects, etc., voire qui a complètement cassé une personnalité.

Si la désapprobation a été explicite, il est rare mais possible, même si cela est extrêmement difficile, de réagir, de s'opposer et par conséquent de réussir, malgré tout, à se construire.

À l'inverse, moins ce « rejet » a été nommé, exprimé, et plus il est difficile de voir clair et de réaliser que l'on a été dévalorisé. Le sujet remet alors en général rarement en cause la personne, l'institution à l'origine de cette dépréciation, et il « préfère » douter de ses capacités dans tel ou tel domaine.

Quand on a été ainsi dévalorisé, on ne se croit plus capable de rien. On n'ose plus. On se remet en cause, on culpabilise très facilement si l'on rencontre un problème. Quoi que l'on réussisse, on n'est jamais sûr, on n'est jamais tranquille, jamais rassuré.

Ce n'est pas un métier

Richard a 44 ans. Il est architecte. Son père, qui est parti quand il était encore enfant, n'a jamais reconnu son choix d'être architecte, considérant que ce n'était pas un métier.

Richard a pourtant su trouver en lui la confiance pour devenir ce qu'il souhaitait. Toutefois, il ne parvient que rarement à se faire payer. Il a du mal à fixer ses honoraires, du mal à les obtenir.

Bien que très doué, et conscient de l'être, Richard pense vraiment, au fond de lui, que « ce n'est pas un métier » : il n'a pas vraiment confiance en la qualité ou en l'intérêt de ses prestations, qu'il dévalorise sans réussir à en exiger le règlement.

Bien qu'adorant son métier, du fait qu'il a été totalement écrasé par son père qui, de surcroît, lui a probablement beaucoup manqué pendant son enfance, Richard est loin d'avoir aujourd'hui la réussite et la reconnaissance qu'il mériterait.

Sans personnalité

Daniel a beaucoup de difficulté à s'affirmer, tant dans sa vie professionnelle que dans sa vie sentimentale. Il n'a absolument pas confiance en lui, sur aucun plan de sa vie. La trentaine, il dit n'avoir aucun talent, aucune personnalité.

Son père, extrêmement autoritaire, conservateur, voulant toujours avoir raison, n'a pas du tout su le valoriser ni favoriser le développement de ses qualités et de ses goûts.

Très sensible et probablement très différent de son père, Daniel, dans une absence complète de confiance, ne se voit donc qu'en négatif. Sa seule référence étant celle de son père, il ne peut être que le négatif, comme sur une photo, d'un père qui, par définition, représente le « positif ».

Par conséquent, il est dans l'incapacité de s'accorder la moindre valeur. De fait, il ne se reconnaît aucune qualité, aucun goût, aucun talent, aucun désir, presque aucun sentiment personnel.

Tel un caméléon, Daniel a l'impression qu'il ne peut que se fondre dans les couleurs des personnes qu'il a en face de lui. Petit à petit, il découvrira bien sûr qu'il a sa personnalité, ô combien forte d'ailleurs, ses valeurs, sa sensibilité, sa vision du monde et des relations, ses désirs et ses qualités personnels.

À savoir

> **Moins on s'est senti valorisé, plus on est dépendant du regard des autres. On cherche en effet toujours, dans ce regard de l'autre, cette valorisation, cette reconnaissance ; et même quand elles se produisent, elles ne sont de toute façon pas suffisantes.**
>
> **De fait, elles ne peuvent jamais suffire si l'on ne se valorise pas, si l'on ne se reconnaît pas soi-même.**

Le besoin de soutien

Avoir été, s'être senti soutenu par ses parents et/ou des adultes qui comptent pour lui nourrit chez l'enfant le sentiment de sécurité.

On sait combien des personnes qui connaissent de belles réussites, qui réalisent leurs rêves, ont la plupart du temps été soutenues par au moins un de leurs parents, combien ces derniers ont cru en elles.

Un manque de présence

Le premier soutien est bien sûr lié à la présence physique et affective du parent. Pourtant, même quand c'est le cas, le sentiment d'avoir manqué d'une présence est fréquent ; parents absents, très occupés par leur travail ou par d'autres tâches familiales, par eux-mêmes…

Inutile de s'attarder sur l'impact de l'absence effective d'un parent, qu'elle soit totale ou partielle : il est évident.

Un manque de temps, aussi, d'attention, d'écoute, est suffisant pour nourrir ce ressenti de l'absence.

La présence relève aussi, bien sûr, de sa qualité. Un manque d'affection, de tendresse pour rassurer, un manque de mots pour dire tout simplement la confiance que l'on a en lui, et l'enfant se sent seul.

Toujours rechercher l'approbation

Paul est auditeur et manque de confiance en lui. D'une part, sa vie sentimentale n'est pas très stable, de l'autre, Paul doute toujours de ses compétences, même si parallèlement et rationnellement, il se sait compétent. Il a en effet toujours besoin d'être rassuré, et s'il souhaite, au fond de lui, être un « premier », il a du mal à ne pas spontanément se mettre dans la peau d'un « second ».

À 48 ans, il joue encore au bon élève, court après le compliment et vit beaucoup dans la séduction.

En fait, Paul n'a pas beaucoup connu son père, parti travailler à l'étranger et séparé de sa mère quand il était encore enfant. Depuis, il n'a passé avec lui qu'un mois par an, au moment des vacances d'été. Paul n'a pas eu de mauvaises relations avec son père mais, de toute évidence, le regard positif et bienveillant de ce dernier lui a manqué.

Ainsi Paul, autonome d'un certain point de vue, en apparence en tout cas, cherche-t-il en réalité toujours chez son patron l'attention et l'approbation d'un père.

Ne s'étant pas senti reconnu par un père trop « absent », il a toujours du mal à se reconnaître lui-même. Il en souffre, bien sûr, ce manque d'autonomie lui étant de plus reproché dans son milieu professionnel, compte tenu du niveau de responsabilité qu'il a.

Un manque d'encouragement

Il est fréquent d'avoir manqué d'encouragement de la part de parents, de professeurs, et ainsi, tout simplement, de ne pas s'être senti soutenu.

La confiance que les parents ou d'autres personnes ont placée dans l'enfant, et du coup les regards encourageants qu'ils lui ont ou non portés, jouent aussi beaucoup dans le sentiment de s'être senti plus ou moins soutenu.

Des parents qui eux-mêmes manquent de confiance en eux ne « soutiennent » pas ; difficile en effet de convaincre et d'assurer leurs descendants de leur soutien dans la mesure où l'on ne peut transmettre que ce que l'on a reçu !

Les parents exigeants, qui ont mis la barre très haut pour eux-mêmes ou pour leurs enfants, ne sont pas toujours de bons soutiens. L'enfant se sent ou ne se croit en effet jamais assez bien pour se lancer.

Enfin, le manque d'indulgence, de patience, les injustices parfois rencontrées dans la famille ou à l'école sans se savoir défendu, les critiques, les reproches font douter du soutien auquel un enfant ou un adolescent peut prétendre.

Le manque d'encouragement, enfin, peut parfois être indirect : manque de moyens matériels, faible niveau culturel de la famille, méconnaissance de certains milieux, absence d'un parent, etc.

À savoir

Ne pas avoir été soutenu ni encouragé sape le sentiment de sécurité et nuit à l'impression d'avoir mérité ledit soutien. De plus, le sujet a dans ce cas tendance à penser que si l'on ne l'a pas soutenu, c'est sans doute qu'il ne le méritait pas, ou bien qu'il ne pouvait réellement pas atteindre ce à quoi il aspirait.

Impossibilité de changer de milieu

Jean-Pierre est directeur commercial d'un grand groupe international. Son problème : une difficulté à se valoriser et à prendre la parole en public, ainsi qu'un manque de charisme, élément si important dans son métier.

Fils d'agriculteurs, Jean-Pierre n'a pas été habitué à être écouté, car ses parents n'en avaient tout simplement pas le temps. Il n'a pas non plus été soutenu dans ses études, psychologiquement du moins, dans la mesure où le milieu des grandes écoles dans lequel il évoluait était totalement inconnu pour ses parents. Ils ne pouvaient que constater les résultats positifs de leur fils, sans vraiment être en mesure de partager ce qu'il vivait.

Plus tard, Jean-Pierre continuant à évoluer dans un milieu différent du leur, ses parents ne comprirent pas certains de ses choix, certaines façons de dépenser son argent, de voyager, de mener sa vie.

À 44 ans, ce manque de soutien continue à peser sur la confiance de Jean-Pierre, notamment dans son activité professionnelle. En effet, d'un côté il lui manque des repères – il craint toujours de ne pas être compris dans ses actes, ses choix, ses propos, en d'autres termes, « soutenu » –, et de l'autre, il n'ose pas se mettre en valeur.

Le manque de soutien familial, lié simplement à ses origines, sape sa confiance, son audace et l'empêche d'être davantage sûr de lui et d'aller de l'avant.

Un manque de protection

Un parent infantile, jaloux, qui joue la rivalité au lieu de soutenir son enfant, fait douter de son soutien.

Un parent faible, absent, défaillant, dépressif, alcoolique ou bien qui a connu de gros revers, fait forcément douter de son soutien.

Il en est de même de parents malheureux, découragés, négatifs, aigris, frustrés.

Par ailleurs, les handicaps physiques, les maladies, les accidents, les épreuves précoces portent à voir la vie davantage comme une menace que comme une alliée, et font indirectement douter du soutien et de la protection des parents : ces derniers sont d'une part le principal lien à la vie, et ont d'autre part le devoir de défendre et de protéger.

Trop habituée à protéger les autres

Valérie n'ose jamais se mettre en avant ni demander son dû. Elle ne sait pas dire « non » et a toujours tendance à se sacrifier. Elle est venue au monde un peu prématurément, trois mois seulement après le mariage de ses parents, sans avoir forcément été désirée, et sa mère tomba dans une grave dépression peu après sa naissance.

Ni son père, très occupé par la rapide venue au monde de ses frères et sœurs, ni sa mère, très dépressive, ne purent la « soutenir » et la rassurer sur leur amour.

Du coup, Valérie, qui a dû se « faire » toute seule, est très forte et très autonome d'un côté, mais de l'autre, habituée à protéger et à se dévouer, elle n'a aucune confiance dans sa capacité à être aidée, soutenue, aimée pour elle-même, et donne toujours beaucoup trop, tant dans sa vie personnelle que professionnelle.

À savoir

Moins on s'est senti soutenu et moins on croit pouvoir l'être un jour. Il arrive aussi de ne pas réussir, une fois adulte, à trouver et à se donner à soi-même, tel un « bon père », les moyens pour se *soutenir* !

Pourquoi manque-t-on de confiance en soi ?

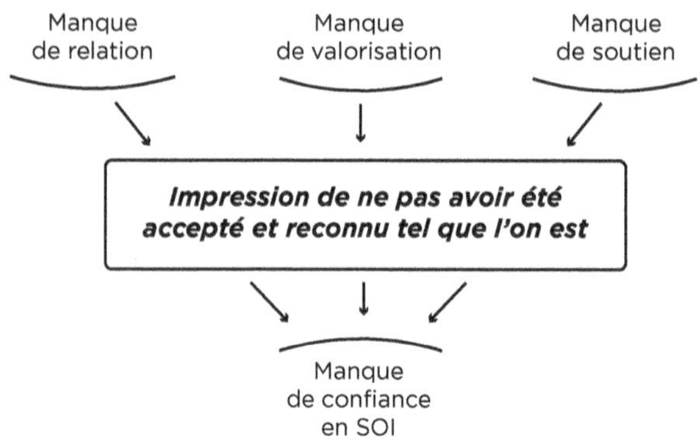

Pour progresser

Observez ce qui a le plus résonné en vous dans ce chapitre : manque de relation ? de valorisation ? de soutien ? Que vous est-il venu à l'esprit : idées, images, souvenirs, émotions ?

Si rien ne vous est encore venu, laissez la porte ouverte... Pensez à votre manque de confiance, reprenez votre autodiagnostic et faites le lien avec les différents facteurs évoqués...

CHAPITRE 6

UN MANQUE D'AMOUR

Au programme

- **Un manque de place**
- **Un amour incomplet**
- **Le doute sur sa capacité à être aimé**

À quelque degré que ce soit c'est toujours, au bout du compte, parce que l'on n'a pas eu l'impression d'être accepté, reconnu, en d'autres termes : aimé tel que l'on est, comme l'on est, que le sentiment de sécurité fait défaut.

Un amour incomplet ou non exprimé et le manque de place, à l'origine eux aussi d'un manque de confiance en soi, nourrissent cette même insécurité.

Un manque de place

Plus on a douté de sa place au sein de la famille, voire d'une communauté, plus on doute, à l'âge adulte, non seulement de sa légitimité à la prendre, mais aussi de son droit à l'amour de l'autre.

Beaucoup de facteurs réels ou ressentis font douter de cette place et donc de la confiance, plus tard, dans le fait d'en avoir une.

Sauf cas extrême, on a généralement tendance, ne serait-ce que pour se conforter soi-même, à penser que naturellement, on a eu, sa place ! À un certain niveau, bien entendu, cela est vrai. Mais il arrive que le ressenti d'une place entière, bien à soi, dans le cœur des parents, « sa » vraie place, pas à moitié, pas parasitée, pas non plus « à la place de », ne soit pas si net, si évident.

Certains facteurs ou événements, qui n'ont d'ailleurs souvent rien à voir avec soi-même, peuvent faire douter d'avoir eu *sa* place.

- Le moment non choisi de son arrivée au monde à cause de problèmes matériels ou de santé dans la famille, un amour insuffisant entre les parents, ou bien leur couple qui se sépare peu de temps après la naissance.
- Un parent absent, parti, décédé…
- L'arrivée d'autres frères et sœurs.
- Sa propre place dans la lignée : le premier avant les autres ou le dernier, après tous les autres.
- Un autre membre de la famille, avec une place privilégiée : une sœur ou un frère handicapé ou sur qui l'on a tout misé pour qu'il fasse ses études, un parent qui, une fois encore, n'a pas vraiment « grandi » et qui prend toute la place.
- Une famille nombreuse dans laquelle on se sent un numéro : la troisième, le septième…
- Un autre enfant, le préféré…

Or, plus on doute de sa place, plus on a l'impression qu'elle ne nous est pas donnée entièrement, et moins on se sent accepté, légitime dans ce que l'on est.

Là encore se forme le raisonnement inconscient suivant : si l'on n'a pas de place, c'est qu'on ne la mérite pas, et si l'on ne la mérite pas, c'est qu'on n'est guère aimable, ni même digne d'amour.

À savoir

Moins on a eu de place, plus on a du mal à se l'accorder, à se la reconnaître, à la prendre. On doute toujours de la légitimité de ses désirs et il est souvent difficile de savoir ce que l'on veut.

On a tendance à se sacrifier, on s'autorise difficilement à faire ce qui est bon pour soi. On « s'arrange » toujours, soit pour ne rien vouloir, soit pour ne pas s'écouter, ne pas s'accorder d'importance.

On doute souvent aussi des droits que confère toute place : vivre, exister, s'exprimer, penser à soi, être heureux.

Des parents qui prennent toute la place

Les parents de Caroline ont vécu dans un rapport de force permanent l'un envers l'autre, avec des crises, des chantages, des drames... Elle est l'aînée et depuis son plus jeune âge, ils l'ont tenue informée de leurs états d'âme, de leurs douleurs, de leurs récriminations, en lui demandant souvent de prendre parti.

Aujourd'hui, Caroline, qui a 30 ans et qui est une jeune femme très brillante, se dit « beaucoup trop gentille ». Elle ne sait pas se défendre et a une forte tendance à trop écouter les autres, à se faire utiliser et, comme elle dit, « marcher sur les pieds ».

En fait, ses parents, d'une certaine façon, prenaient toute la place, et Caroline a toujours eu du mal à prendre la sienne. Elle était un peu « l'objet » de ses parents qui, même s'ils l'aimaient, la manipulaient. Caroline n'a pu développer ni le sentiment d'avoir sa place ni celui d'être aimée pour elle-même en dehors du rôle que ses parents lui faisaient jouer.

Du coup, elle cherche toujours spontanément à entrer dans le désir de l'autre en s'oubliant elle-même, en oubliant ses propres intérêts, puisque d'une part, elle n'a pas de place à elle, et que d'autre part, c'est uniquement en se mettant à l'écoute des autres, en oubliant de s'écouter elle-même, qu'elle pense pouvoir être reconnue et aimée.

Un amour incomplet

Nous n'avons besoin que d'amour. Les personnes qui manquent de confiance en elles sont dans une perpétuelle recherche d'amour et de reconnaissance, en quête du regard et de l'attention qu'elles ont le sentiment de ne jamais avoir réussi à capter dans leur enfance.

Un amour non exprimé, mal exprimé

L'enfant, nous l'avons vu, se construit dans une relation aimante, notamment à travers le regard et les caresses sécurisantes de la mère tout comme dans l'attention et l'attitude valorisante du père.

L'ensemble du vécu affectif a lui aussi, plus globalement, son impact sur le sentiment ou non d'être aimé. Même après les toutes premières années, une mère distante, absente, froide, dure, rigide, dans le « devoir », peu communicante ; un père exigeant, autoritaire, lointain, peu présent, non accessible ; un éloignement durable de sa famille, etc. : tout cela fait douter, même à tort, de l'amour pour soi.

La trop rare expression des sentiments et des affects renforce inévitablement le doute sur leur existence.

Les déclinaisons d'un manque d'amour

Pour s'être senti « aimé », il faut s'être senti…

- regardé,
- touché,
- soigné,
- désiré,
- accueilli,
- écouté,
- respecté,
- entendu,
- protégé,
- valorisé,
- reconnu,
- soutenu…

De fait, les conditions requises sont nombreuses. Or, même dans les circonstances familiales les plus classiques et dans des contextes aimants, ces besoins sont rarement entièrement comblés.

Manquer de confiance
en soi

↓

Douter de sa capacité à être :
désiré
accueilli
respecté
écouté
entendu…

↓

tel que l'on est

Pour progresser

> **Essayez à présent de trouver la « preuve » d'amour qui vous a le plus manqué.**

Amour conditionnel et inconditionnel

Se sentir aimé, c'est sentir qu'on l'est inconditionnellement, et non pas parce que l'on remplit des conditions. Il existe en effet un amour inconditionnel, dans lequel on se sent vraiment aimé pour soi-même, tel que l'on est, et un amour conditionnel, à savoir : oui, je t'aime à condition que…

Les deux sont nécessaires ; l'un pour avoir confiance en soi, l'autre pour pouvoir se socialiser.

On entend souvent des personnes manquant de confiance en elles dire, et à juste titre : « Mais j'ai été accepté, reconnu », « Mes parents m'aimaient ». En partie bien sûr, cela est vrai. Et tant mieux !

En général, chaque individu a été aimé et a reçu qui, des soins, qui, de l'attention, une affection, de la tendresse, etc.

Toutefois, se sentir aimé inconditionnellement nécessite d'être considéré comme une *personne*, un être à part entière aimé totalement, gratuitement, pour lui-même. Cet amour-là passe bien sûr par l'acceptation de la personne que l'on est : fille ou garçon, avec ses caractéristiques, ses ressemblances ou ses différences, ses faiblesses, ses penchants, ses goûts, son physique, son quotient intellectuel, ses façons de penser.

Une perception subtile

Pour des raisons déjà évoquées (la nature et la qualité du regard sur soi, la trop rare expression des sentiments, la demande de conformité aux désirs, aux attentes et aux projections des parents, à leurs propres besoins, la nécessité aussi de discipliner l'enfant), l'amour réel ou ressenti est souvent plus conditionnel qu'inconditionnel.

Il est plus fréquent d'entendre, explicitement ou implicitement ; « on t'aimera si… » ou bien « on t'aimera davantage si… ». C'est souvent très subtil, et la plupart du temps, tout se passe comme si l'on était aimé inconditionnellement.

En réalité, l'enfant sait, sent très bien ce qui, venant de lui, est vraiment accueilli inconditionnellement, et ce que les parents, le milieu peut-être, n'acceptent pas ou, inconsciemment, ne souhaitent pas même voir se développer, s'affirmer.

C'est d'ailleurs parce que l'enfant ne se sent pas aimé inconditionnellement qu'il se conforme, afin de plaire et d'être davantage aimé.

Il arrive de douter de cet amour inconditionnel parce qu'un événement lié à soi n'a pas été accepté, par exemple le contexte d'une naissance. Certains événements survenus durant la grossesse de la mère peuvent faire ressentir à l'enfant qu'il n'est pas accepté pleinement, ce qui parfois, sur un certain plan, n'est pas entièrement faux.

Pour progresser

> **Réfléchissez à ce qui a pu vous faire douter de l'amour inconditionnel éprouvé pour vous et à ce que, pour être « aimé », vous avez peut-être étouffé, laissé se perdre.**

Le doute sur sa capacité à être aimé

Au bout du compte, le sentiment d'insécurité à l'origine de tout manque de confiance n'est autre que le doute de pouvoir être aimé et accepté tel que l'on est.

Que cette crainte se porte sur son être tout entier ou bien sur l'une de ses facettes, c'est toujours cette insécurité-là qui fait perdre une partie ou la totalité de ses moyens.

Tant que ce doute existe, et *a fortiori* inconsciemment, il joue un rôle au niveau émotionnel, et c'est là qu'il piège. La raison ne suffit pas, les « preuves » non plus.

Les personnes qui se sont senties acceptées comme elles étaient, aimées pour elles-mêmes, quels que soient leurs atouts réels, ont confiance en elles. La question du « manque » de confiance ne se pose même pas.

Si l'on est certain d'être accepté et aimé avec ses capacités, ses caractéristiques, ses forces, ses limites et ses handicaps aussi (qui d'ailleurs deviennent alors souvent moins importants !), on a foi en soi et tout est plus simple. On devient automatiquement plus intelligent, plus efficace, plus beau, plus créatif... Ainsi, comme il devient aisé de s'exprimer quand on se sent accepté – quel bonheur !

Voilà pourquoi la confiance en soi n'a souvent rien à voir avec la « réalité », les réalisations, les réussites, l'obtention d'un diplôme, des centimètres en plus ou en moins. C'est avant que tout s'est joué.

Pourquoi manque-t-on de confiance en soi (suite) ?

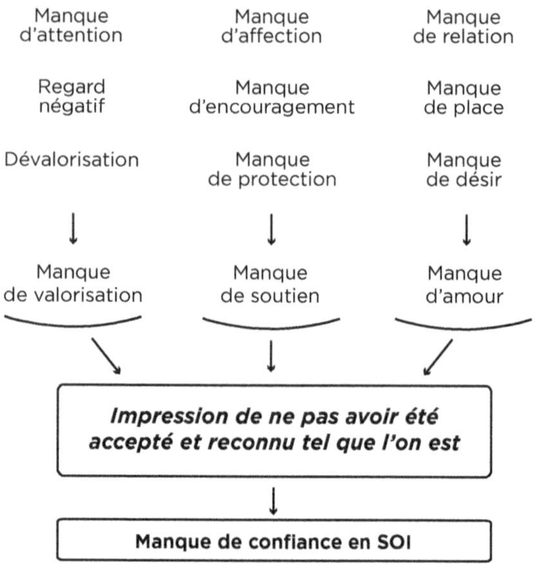

Pour progresser

Mettre le doigt sur ce que l'on ressent et sur son doute permet toujours d'avancer.

À présent, vous pouvez si vous le souhaitez penser à des situations dans lesquelles vous manquez régulièrement de confiance en vous. Concentrez-vous sur le malaise que vous éprouvez alors et faites le lien avec votre crainte de ne pas être accepté et reconnu tel que vous êtes.

- Que ressentez-vous ?
- Que se passe-t-il en vous ?
- Qu'est-ce qui vous vient à l'esprit ?
- Quelle(s) émotion(s) apparaissent en vous ?
- Quel lien faites-vous avec la nature de votre manque de confiance ?
- Qu'avez-vous envie de dire, de faire pour vous sentir mieux accepté, mieux aimé ?

PARTIE 3

COMMENT DÉVELOPPER LA CONFIANCE EN SOI ?

Retrouver, avoir confiance en soi est possible, même s'il n'existe pas de recette miracle. D'une certaine manière, c'est tant mieux, dans la mesure où cela oblige chaque personne à aller au cœur d'elle-même, là précisément où réside la confiance ! En effet, des recettes « standard » iraient à l'encontre de ce que l'on cherche à (re)trouver, c'est-à-dire la confiance *en* soi, en d'autres termes *soi-même.*

Par ailleurs, l'illusion que cette confiance puisse (ré)apparaître d'un coup reviendrait à ne pas prendre ses responsabilités vis-à-vis de soi et à s'éloigner de la capacité à retrouver confiance *en* soi.

Tout dépend bien entendu de l'ampleur du manque de confiance et des difficultés qu'il occasionne. Dans certains cas, la route peut être longue, mais quel que soit le point de départ, l'important est de faire le premier pas.

Quelques préalables incontournables

Avant de lister les techniques, les pistes, les aides possibles, il existe des préalables incontournables.

Ayez le désir de retrouver confiance en vous

Même si l'on en souffre, et si l'on déclare vouloir se libérer de son manque de confiance, on n'est pas toujours prêt, en réalité, à en retrouver le chemin.

Tout d'abord, le changement n'est pas toujours facile. On est souvent amené à soulever des voiles et à réveiller un passé, à rouvrir d'anciennes blessures que l'on ne veut pas « voir ». C'est d'ailleurs pour ne pas avoir à approfondir, à creuser, que parfois l'on préférerait avoir des « recettes » toutes prêtes.

D'autre part, on peut inconsciemment préférer tenir le rôle de victime plutôt que d'essayer de grandir. Il existe en effet des sortes de bénéfices secondaires à manquer de confiance en soi : on ne s'assume pas, ou du moins, on ne s'engage pas, on ne prend pas toutes ses responsabilités. On peut même se servir de son manque de confiance comme d'une excuse pour ne rien bouger, pour paresser ou pour justement « se » cacher derrière. Avoir le désir de changer et de développer tous ses ressources est nécessaire pour chercher vraiment à retrouver confiance.

Enfin, il est essentiel de vouloir retrouver cette confiance pour soi-même et non pour les autres, pour l'image que l'on donnerait aux autres, pour obtenir des succès qui « prouveraient » quelque chose aux autres, voire parce que « ça la fiche mal », que « ça se voit », parce qu'on culpabilise de ne pas être assez « à l'aise », « cool », « sûr de soi », « dynamique », « positif », etc.

Regardez en face votre manque de confiance

Visitez en profondeur, calmement, sans les survoler, les effets du « manque de confiance » en vous. Ressentez sans esquive tous ses effets, ou au moins l'un d'entre eux. C'est déjà une façon de (re)prendre contact avec vous-même.

Regardez votre manque de confiance pour voir jusqu'où il vous empêche d'aller. Sondez l'endroit où vous vous abîmez pour retrouver du même coup cette part de vous-même non reconnue, non acceptée, non soutenue qui, derrière, essaie de s'exprimer.

En effet, regarder son manque de confiance, c'est regarder en même temps sa force et l'envie, derrière cela, de la laisser s'exprimer ; c'est paradoxalement commencer à entendre *sa* voix.

Commencez par accepter ce manque

Si l'on cherche bien sûr à s'en libérer, il est bon au moins dans un premier temps de savoir accepter son manque de confiance. D'une certaine façon, il fait pour l'instant partie de vous.

En effet, l'accepter, c'est aussi s'accepter tel que l'on est à un temps T, sans vouloir immédiatement être différent ou « mieux ».

C'est aussi d'ores et déjà se reconnaître digne d'être valorisé, soutenu, accepté, même avec ce manque de confiance et les « handicaps » qu'il génère. Plus vous l'acceptez comme une partie de vous, moins vous cherchez à le nier, à le contrôler, à le minimiser, moins il vous handicape dans votre progression. Manque il y a, mais *vous* êtes intact. L'accepter n'est qu'une étape, mais une étape nécessaire !

Cessez de vous juger et de culpabiliser

Cessez de culpabiliser parce que vous n'êtes pas comme vous le souhaiteriez, parce que vous ne réussissez pas à avoir « des relations », « un projet », à « entreprendre », à « communiquer », etc. Vous continuez ainsi à vous faire mal et à casser l'image déjà malmenée que vous avez de vous-même.

Quand on veut retrouver confiance en soi, on a souvent des idéaux, des modèles auxquels on aimerait ressembler. Or, retrouver confiance en vous, c'est d'abord *vous* retrouver et vous accepter tel que vous êtes.

Prenez votre temps

Encore une fois, il n'y a pas de recette miracle, et plus les blessures sont profondes, plus le chemin peut être long. Prenez votre temps ! Sinon, vous risquez de fuir ou de reculer pour éviter d'aller précisément au fond du problème.

Vouloir aller trop vite cache souvent un désir de contrôler, la crainte de ne pas y arriver, de ne rien trouver en soi d'intéressant, etc. Cela cache aussi parfois le refus de s'accorder du temps, de l'attention, comme si l'on ne le méritait pas.

Vouloir avoir confiance en soi pour répondre aux attentes, aux demandes des autres ou à ce que l'on interprète parfois comme tel pousse également à vouloir aller trop vite, pour plaire ou bien pour ne pas avoir à retrouver profondément les racines de sa puissance personnelle.

Même si la souffrance peut donner envie de brûler les étapes, aller trop vite risque d'éviter le faire le pas qui serait peut-être le plus constructif pour soi.

Le chemin sera plus ou moins long, mais chaque étape est importante.

Faites-vous confiance

La peur de ne pas y arriver, de ne jamais réussir à avoir confiance en soi, est un frein majeur.

Plus vous aurez confiance dans le résultat final (simple variante de la *confiance* en vous), mieux vous y parviendrez, plus vous progresserez rapidement.

Allez au fond des choses

Quelles qu'en soient les manifestations, le manque de confiance en soi est toujours l'expression d'un faible narcissisme positif et d'un manque de sécurité intérieure.

Vous résoudrez d'autant mieux votre « manque de confiance » que vous irez au fond du problème et que vous restaurerez ce sentiment de sécurité et/ou l'image positive de vous-même qui vous fait défaut. À vous arrêter au « symptôme », vous risquez de ne pas aller au fond des choses.

CHAPITRE 7

RETROUVEZ UN SENTIMENT DE SÉCURITÉ

Au programme

- **(Re)prenez contact avec votre être « vivant » et « unique »**
- **Acceptez-vous tel que vous êtes**
- **Apprenez à mieux vous connaître**

Pouvoir (re)trouver ou se donner à soi-même la sécurité intérieure que l'on n'a pas eue, et restaurer une image positive de soi, est une base incontournable.

(Re)prenez contact avec votre être « vivant » et « unique »

Nous avons vu combien il est important de se sentir considéré comme une *personne.*

Prenez conscience, au-delà des rôles que vous jouez d'habitude (le rôle du parent, de l'enfant, de l'ami, du salarié, du manager, etc.), de l'image que vous cherchez à donner, des objectifs que vous voulez atteindre, que vous êtes avant tout et essentiellement un être *vivant* et un être *unique*. Tout être *vivant* est capable de réagir, de se défendre, de se faire aimer, de changer, de penser, etc.

D'autre part, chaque individu est unique. N'entendez pas là « exceptionnel » ni « au-dessus des autres », mais « au-delà de toute comparaison », et donc particulier, spécifique, différent des autres, avec ses qualités et surtout sa *qualité* propre.

On l'a vu : quand on manque de confiance en soi, on a d'une certaine manière perdu confiance et foi en son être vivant et unique. Si l'on reste conscient de ces deux réalités incontestables, on se sent inévitablement, même pour un court instant, plus confiant en *soi-même*.

Pour tous les exercices proposés ci-dessous, nous vous recommandons de vous munir d'un carnet ou de feuilles de papier pour noter vos réponses.

Sondez vos ressentis

- Que ressentez-vous au plus profond de vous-même quand vous vous sentez *vivant* ?
- Quelles forces, quelles ressources, quelles envies sentez-vous monter en vous ?
- Que ressentez-vous, sans vous comparer, sans vous juger, quand vous vous sentez unique, différent des autres ?
- Quelles qualités, quels atouts, quelles ressources dont vous disposez vous viennent à l'esprit ?

Un conseil

Ne vous jugez pas, ne vous comparez pas.

L'important n'est pas non plus de trouver des choses extraordinaires ou particulièrement originales, mais de découvrir les vôtres.

Pour progresser

Dès que vous perdez confiance dans une situation, avant une rencontre, une « épreuve » que vous redoutez, demandez-vous en quoi vous n'avez pas la foi :

- **en ce que vous êtes ?**
- **en ce que vous voulez ?**
- **en ce que vous pouvez ?**

Cela vous aidera à prendre du recul et à trouver, à contacter en vous vos ressources.

Ressentez la confiance *en* vous

Pour retrouver la *confiance* en soi, il est essentiel de la ressentir le plus souvent et le plus intensément possible. On ne peut trouver la confiance en soi, ou plus exactement un sentiment de sécurité, si on ne les ressent pas.

Pensez à des moments, même très courts, auxquels vous avez ressenti ce bien-être, cette aisance, cette paix, cette énergie, cette certitude, cette force.

Souvenez-vous d'actes forts que vous avez faits pour vous et dont vous êtes fier, même il y a très longtemps.

Ressentez alors pleinement, profondément, cette sécurité qui, à des moments de « grâce », vous a inondé, bercé, transporté…

Laissez venir les images, les émotions, les mots, les sentiments, les envies, tout ce que vous ressentez quand vous avez ainsi confiance *en* vous… Et imprimez-les dans votre nouvelle mémoire.

En situation difficile, retrouvez ces ressentis positifs et cette sécurité.

La technique de l'autoancrage

Pour ancrer une mémoire positive, vous pouvez pratiquer l'autoancrage. Il s'agit d'une technique issue de la PNL[10].

Concentrez-vous et faites remonter dans votre mémoire un souvenir précis d'un moment où vous vous êtes senti particulièrement confiant, à l'aise, bien dans votre peau, en paix. Ressentez ce bonheur cette détente, cette sécurité.

Au moment où ces ressentis sont les plus intenses, faites un geste précis et plutôt discret, dans la mesure où vous aurez peut-être à le refaire sans que personne ne s'en rende compte. Par exemple,

10. Programmation neurolinguistique. Il s'agit d'un ensemble de techniques visant à l'amélioration de la communication entre les individus et la transformation de soi, fondé sur les processus par lesquels l'être humain crée son expérience et lui donne un sens.

pressez votre pouce, votre main, votre poignet, votre avant-bras. Maintenez ce geste quelques secondes.

Vous venez d'*ancrer* une émotion, un ressenti positif.

Quand vous en avez envie, répétez cette expérience pour vérifier que votre ancrage fonctionne bien. En situation délicate, ou même avant, pensez à pratiquer cet autoancrage.

Plus vous le pratiquerez, plus il sera efficace, si, bien entendu, votre manque de confiance n'est pas trop profond.

Vous pouvez aussi renforcer cet ancrage en le pratiquant dans de nouvelles situations heureuses et positives pour vous.

Plus vous utiliserez cette technique, plus les mémoires positives seront instantanées.

Pour progresser

Dès aujourd'hui, faites, cherchez, profitez pleinement et le plus possible de toutes les occasions, de tous les moments privilégiés où vous vous sentez vous-même, vraiment vous-même.

Recherchez les personnes avec qui vous vous sentez en confiance, en sécurité.

Même si vous en manquez, prenez conscience de la part de confiance que vous avez aussi en vous.

Ainsi, petit à petit, vous ressentirez davantage de sécurité, vous aurez de vous-même un ressenti et une image de plus en plus positifs.

Retrouvez votre élan

Pour vous (re)mettre au contact de vos capacités, et pour retrouver votre élan, partez des propositions suivantes et notez ce qui vous vient à l'esprit :

- Si j'osais…
- Si j'étais sûr de moi…
- Si je me sentais soutenu…
- Si je me sentais valorisé, aujourd'hui je ferais…
- Si je me sentais aimé…

Acceptez-vous tel que vous êtes

On ne peut avoir confiance en *soi* que si l'on a conscience de ses capacités, de ses qualités, de ses désirs, mais aussi de ses manques, de ses imperfections, de ses limites.

La conscience et l'appropriation de vos points forts vous aideront bien entendu à vous valoriser.

En visitant vos points faibles, vous vous accepterez davantage tel que vous êtes ; si vous le souhaitez, et si cela est possible, vous pourrez progresser, vous perfectionner, ce qui renforcera votre confiance en vous.

Acceptez vos points forts

Quand on manque de confiance en soi, il n'est pas toujours aisé de reconnaître, de s'approprier, de valoriser ses qualités, ses atouts, etc.

Regardez le positif en vous

Faites la liste de vos qualités et points forts, sur tous les plans ; physique, humain, affectif, relationnel, intellectuel, professionnel...

- Demandez-vous...

En quoi est-ce que je m'accorde moi-même de la valeur ? Exemples : mes qualités, mon physique, mon intelligence, ma sensibilité, ma créativité, mes idées, mon goût, ma forme de pensée, mes valeurs, ma manière d'être dans la vie... Ces aspects de moi ont-ils été valorisés ? Pourquoi ?

- Listez les principaux compliments que l'on vous a faits.
- Demandez aux autres pourquoi ils vous aiment, apprécient, estiment...

Donnez-vous à vous-même une valeur

Le fait de lister ses points forts n'est pas toujours suffisant pour s'accorder une valeur. Regardons à présent ce qui a pu vous dévaloriser.

Posez-vous les questions suivantes

- Qu'est-ce qui a été valorisé dans mon milieu familial ?
- Qu'est-ce qui a été valorisé dans mon milieu scolaire ?
- Qu'est-ce qui est valorisé dans mon milieu familial, dans mon cercle relationnel aujourd'hui ?
- Qu'est-ce qui est valorisé dans mon milieu professionnel ?
- À quoi est-ce que, moi-même, je donnais ou donne aujourd'hui de la valeur ?
- Est-ce que j'attribue moi-même vraiment de la valeur à ce que je fais ? Pourquoi ?
- Suis-je valorisé pour ce pour quoi j'aimerais être valorisé, ou pour autre chose ?
- Qu'est-ce qui me manque pour me valoriser davantage ?
- Qu'est-ce qui me manque pour me sentir plus valorisé ?

Un conseil

Réfléchissez bien : êtes-vous vraiment sûr et certain de chacune de vos réponses ?

Identifiez honnêtement vos points faibles

On n'est jamais tout, on n'a jamais tout. Pour s'accepter vraiment, il est incontournable d'accepter ses points faibles, ses limites. Le positif en soi se fait alors d'autant plus net.

On se libère de la culpabilité, on cesse d'avoir honte de soi, de vouloir être ce que l'on n'est pas, de rêver d'être ce que l'on n'est pas. On peut progresser.

Attention : il faut veiller à repérer ses vrais défauts, ses vraies limites, et pas ceux qui sont l'expression d'un manque de confiance, par exemple, ou bien ceux qui, en fonction d'autres critères, d'autres valeurs, peuvent flatter, comme le « trop de caractère », le « laxisme », le « perfectionnisme », etc.

Manquer de confiance en soi n'empêche pas en effet d'avoir de vrais défauts, de vraies limites, de vraies « lâchetés » dont on n'est pas toujours fier. Or, souvent par orgueil, et précisément parce que l'on manque de confiance et que l'on n'est pas assez solide, assuré, on refuse de les reconnaître, en les laissant du coup continuer à parasiter l'image que l'on a de soi.

Posez-vous les questions suivantes

- Quels sont mes défauts ?
- Quels sont mes points faibles ?
- Quelles sont mes limites ?
- Est-ce que je les accepte ? Pourquoi ?
- N'en ai-je pas d'autres ?
- Est-ce que je les accepte ? Pourquoi ?
- Quelles sont les qualités que j'admire chez les autres ? Pourquoi ?
- Quels sont les défauts que je me connais et dont je ne parle jamais volontiers ?
- Pourquoi ne puis-je pas m'accepter comme ça ?
- De quoi ai-je honte ? (mon égoïsme, mon côté calculateur, mon arrivisme, ma petitesse d'esprit, mes échecs scolaires, mon milieu d'origine, etc.)
- Pourquoi ne puis-je pas m'accepter comme ça ?

Un conseil

Réfléchissez bien : êtes-vous vraiment sûr et certain de chacune de vos réponses ?

Pour progresser

> **Pour mieux vous accepter, prenez du recul par rapport à votre éducation, parfois votre milieu.**
>
> **Ne cherchez pas trop à plaire ni à trop correspondre à des modèles.**

Apprenez à mieux vous connaître

Être assuré, confiant, c'est aussi se connaître.

Même sans manquer de confiance à proprement parler, plus on se connaît, plus on est en contact avec soi-même, plus on expérimente ses capacités, et plus on gagne confiance en ses ressources.

Savoir et expérimenter de quoi l'on est capable, reconnaître ses désirs et ses besoins, être au contact de ses émotions et de ses sentiments permet une bien meilleure connaissance de soi.

Soyez conscient de vos capacités

On entend des personnes dire qu'elles manquent de confiance en elles parce qu'elles ne savent pas s'exprimer, par exemple, alors qu'en fait, elles ne se sont jamais vraiment trouvées en situation d'avoir à le faire.

Expérimenter, se mettre en situation, tester, tenter, tout cela permet de se connaître.

Sans prendre le risque d'un échec cuisant, oser adopter un comportement méconnu, expérimenter un savoir-faire, une technique, une activité, un travail, une recette de cuisine, toutes choses dont on ne se croit pas capable ou simplement que l'on n'a jamais faites, sont de bons leviers de progression.

Les expériences révèlent les qualités, les potentiels et permettent de les développer ; elles occasionnent également des renvois d'image souvent plus positifs qu'on ne le pense.

Quand bien même l'expérience n'est pas toujours entièrement réussie, elle permet, le cas échéant, de persévérer et, dans tous les cas, de mieux savoir ce que l'on veut et ce que l'on peut.

Pour progresser

Ne craignez pas d'échouer !

Lancez-vous en prenant des risques raisonnables, que vous pouvez assumer sans trop d'angoisse certes, mais lancez-vous !

Souvent par crainte de se retrouver confronté à son manque de confiance, on n'essaie pas, on ne tente pas, ce qui renforce le sentiment d'insécurité.

Quand vous pensez être en mesure de « tester » quelque chose, faites-le sans plus hésiter.

Il est intéressant également de repérer ce que l'on a déjà fait, tenté, testé et réussi, et que souvent on oublie.

Posez-vous les questions suivantes

- Qu'ai-je découvert/développé dans mes différentes expériences ?
- Qu'aimerais-je tester aujourd'hui ?
- Que pourrais-je tester aujourd'hui ?

Reconnaissez vos désirs

Connaître ses désirs permet de prendre conscience de *qui* l'on est. Le simple fait de chercher à les identifier revient *de facto* à se donner une certaine importance, à *se* prendre au sérieux.

Avoir et reconnaître des désirs développe aussi la confiance en soi dans la mesure où ils donnent un but, et où leur réalisation épanouit. Plus on connaît l'objectif que l'on veut atteindre, le désir que l'on souhaite concrétiser, plus on est motivé et plus on réussit.

D'ailleurs, à force de méconnaître et/ou de ne pas réaliser ses désirs, on finit souvent par perdre confiance en soi !

Identifier ses désirs permet aussi de mieux s'assumer en se détachant d'un besoin parfois trop grand de conformisme ou d'approbation. Exprimer, exposer à d'autres ces désirs permet aussi de s'affirmer : ils deviennent plus réels.

Pour progresser

Identifiez vos envies, vos désirs. Soyez attentif à choisir de *vrais* désirs pour vous, et pas ceux que vous imposent les autres ou la société.

Dans un premier temps, « lâchez-vous », ne vous censurez pas, puis affinez.

Posez-vous les questions suivantes

- De quoi aurais-je envie dans ma vie aujourd'hui ?
- Quels désirs aimerais-je concrétiser ?
- Quels objectifs aimerais-je atteindre ?

Un conseil

Formulez vos désirs le plus clairement possible. Plus ils seront clairs, précis, concrets et réalistes, plus vous serez en mesure de les formuler à d'autres, de les respecter et de les réaliser.

Reconnaissez vos besoins

Quand on manque de confiance, on n'écoute pas ses besoins car on est davantage à l'écoute de ceux des autres.

Les reconnaître est un pas décisif : c'est une manière là encore de se prendre en considération et de prendre soin de soi.

Les exprimer, se mobiliser pour les faire admettre à d'autres, est également très bénéfique. C'est en quelque sorte un passage obligé.

Demandez-vous

- Quels sont mes principaux besoins aujourd'hui ?

Osez exprimer vos émotions

Exprimer ses émotions à soi-même et aux autres permet, au-delà de leur fonction première qui est de manifester une satisfaction ou une frustration par rapport à des besoins de base, de se reconnaître comme un être vivant et de renforcer la conscience de soi.

D'autre part, dans la majeure partie des cas, ces émotions, une fois exprimées, ne provoquent chez l'autre ni jugement, ni rejet, ni rupture, et améliorent parfois même les relations. Une telle constatation renforce la confiance de pouvoir être reçu, accueilli, et donne la conviction qu'il n'est pas toujours nécessaire, pour être apprécié, de se conformer ou de se contrôler, en d'autres termes de ne pas être soi-même.

Réfléchissez

- Quelles émotions ai-je du mal à exprimer ? (colère, tristesse, peur, rancœur, honte…)
- Repensez à des situations dans lesquelles vous vous sentez mal à l'aise, frustré, malheureux… et recherchez l'émotion que vous n'exprimez pas.

CHAPITRE 8

CHANGEZ DE REGARD SUR VOUS-MÊME

Au programme

- Libérez-vous
- Travaillez croyances erronées et pensées automatiques
- Comblez vos carences affectives

Même si retrouver une sécurité intérieure reste dans tous les cas bénéfique et utile, une telle réussite n'est pas toujours possible quand les blessures d'origine sont profondes et/ou multiples.

Visiter, identifier, comprendre ce qui a entamé sa sécurité intérieure et son narcissisme positif devient alors incontournable.

D'autre part, cerner quel ressenti précis, quelle pensée automatique viennent saper sa confiance au moment d'en faire preuve, et connaître l'origine de ces interférences, se révèle toujours très efficace.

Plus on identifie ce qui freine, ce que l'on redoute au fond de soi, mieux et plus vite on se libère de ses inhibitions. Par ailleurs, on est ainsi en mesure de se rassurer et de se sécuriser de manière plus ciblée.

Libérez-vous

Nous avons évoqué et énuméré les principaux facteurs à l'origine d'un manque de confiance. Il est essentiel de repérer les vôtres.

Aux origines de votre manque de confiance

Demandez-vous à présent librement, spontanément, ce qui a pu vous faire perdre la foi en qui vous êtes. Retrouvez le plus précisément possible ce qui vous a amené à douter de pouvoir être accepté et aimé, désiré, accueilli, respecté, entendu, écouté tel que vous êtes.

Ne vous arrêtez pas à la première idée, au premier souvenir. N'hésitez pas à creuser, et posez-vous des questions de plus en plus précises.

Vous ne trouverez peut-être pas immédiatement de réponse : prenez votre temps et soyez le plus sincère possible dans vos réponses. Il s'agit d'un travail de restauration de vous-même.

Les questions proposées ci-dessous ne peuvent être exhaustives, mais elles vous mettront sur la voie. Si cela est nécessaire, travaillez par association d'idées, d'images, de souvenirs. Ensuite, relisez vos réponses et réfléchissez bien : êtes-vous vraiment sûr et certain de chacune d'elles ?

Les bonnes questions à se poser

- Ai-je été valorisé par mes parents ? Mes frères et sœurs ? Mes professeurs ?
- Me faisait-on de temps en temps des compliments ?
- Me faisait-on beaucoup de reproches ?
- Mes parents étaient-ils très exigeants avec moi ?
- Quelle partie de moi a-t-elle été la plus valorisée ? Pourquoi ?
- Quelle partie de moi a-t-elle été la moins valorisée ? Pourquoi ?
- Ai-je eu, enfant, l'impression d'avoir été valorisé pour ce que j'étais ?
- Ai-je l'impression d'avoir été valorisé physiquement, intellectuellement, dans ma sensibilité, mes penchants, mes activités extrascolaires, le choix de mes camarades… ?
- Ai-je l'impression que mes qualités, mes talents, mes particularités ont été repérés, reconnus ?
- Ai-je eu l'impression que ma personnalité « convenait » ?
- Ai-je été carrément dévalorisé ?
- Ai-je, même une seule fois, le souvenir d'avoir été humilié, ridiculisé ? Pourquoi ?

- Quelle partie d'eux-mêmes mes parents valorisaient-ils le plus ? À mon avis, pourquoi ?
- Aujourd'hui, suis-je valorisé par mon conjoint ? Mes amis ? Ma famille ? Dans mon travail ? Par mes patrons ?
- Est-ce que je me sentais protégé, enfant ?
- Ai-je été encouragé ?
- Me suis-je senti soutenu ?
- Ai-je eu l'impression d'être seul ?
- Ai-je eu quelqu'un à qui me confier ?
- Ai-je ressenti mes parents, mes éducateurs (ceux qui étaient censés m'aider, notamment, à grandir, à réussir) comme des soutiens, des alliés ?
- Me suis-je senti menacé ?
- Mon père était-il présent, attentionné, bienveillant ?
- Ma mère était-elle aimante, douce, tendre ?
- Mon père était-il structuré, solide ?
- Ai-je été désiré ?
- Ma mère me manifestait-elle sa tendresse ?
- Mes parents étaient-ils matures ? Demandeurs ? Autonomes ?
- Ai-je senti, enfant, que j'avais une place, ma place ?
- Mes parents me consacraient-ils du temps ?
- À quel moment de la vie de mes parents suis-je né ?
- Était-ce un bon moment ?
- Mes parents s'entendaient-ils bien ?
- Mes parents avaient-ils eux-mêmes de grosses carences affectives ?
- Auraient-ils préféré un garçon/une fille ?
- Auraient-ils préféré que je naisse plus tôt, plus tard, jamais ?
- Mes parents avaient-ils des préférences ?
- Y a-t-il une personne dans la famille dont j'ai eu l'impression qu'elle comptait plus que moi ?
- Ai-je l'impression d'avoir eu à jouer un rôle particulier ? Pourquoi ?
- Qui, finalement, m'a fait de l'ombre ? Pourquoi ?

etc.

Pour progresser

> **Faites le lien entre les difficultés que vous rencontrez, vos ressentis, et ce que vous avez repéré comme causes, événements, facteurs à l'origine de votre manque de confiance.**
>
> **Quelque chose s'éclaire-t-il ?**
>
> **Avez-vous l'impression qu'il y a d'autres facteurs plus profonds et/ou imbriqués ?**

Prenez du recul

Si identifier ce qui a insécurisé et détruit l'image positive de soi est essentiel, savoir relativiser l'est aussi, dans la mesure où, quand on est enfant, la réalité n'est pas toujours exactement celle que l'on perçoit, comprend, retient.

La plupart du temps, en effet, ce n'est pas *soi* qui n'a pas été accepté, reconnu, soutenu, même si bien sûr cela est vécu comme tel. Les difficultés des parents, la vie, ses événements, etc., n'ont souvent rien à voir avec *soi*. Les parents réagissent et agissent toujours comme ils le peuvent, sans que l'enfant lui-même soit véritablement en cause.

C'est le propre de l'enfant, dans son « égocentrage » et son besoin d'amour, au demeurant légitimes, de croire qu'il est l'unique cause de tout ce qu'il reçoit et de tout ce qu'il ne reçoit pas. S'il arrive par exemple qu'une fille s'entende reprocher de ne pas être un garçon, il est évident que cela ne touche en rien ses qualités, la *qualité* de la fille en question. C'est simplement le parent formulant ce reproche qui a eu un désir, un manque personnel à combler, un poids culturel à dépasser.

En l'occurrence, dites-vous toujours que ce n'est pas *vous*, jamais, qui êtes en cause.

Modifiez vos ressentis

Quand on se trouve dans une situation donnée, c'est l'émotion, le ressenti qui submerge.

À vous de voir

Pensez aux circonstances précises dans lesquelles vous souhaiteriez être plus assuré, plus confiant. Remettez-vous mentalement dans une telle situation et essayez de retrouver quel ressenti exactement vous fait perdre vos moyens :

- ne pas être accepté,
- être rejeté,
- ne pas être reconnu,
- ne pas être accueilli,
- ne pas être apprécié,
- ne pas être respecté,
- ne pas être écouté,
- ne pas être entendu,
- ne pas être soutenu,
- être dévalorisé,
- paraître stupide,
- être humilié,
- être ridicule,
- autre : ....

La proposition qui a le plus résonné en vous représente votre blocage le plus important. Cette appréhension, cet état émotionnel négatif est ce dont vous devez prendre conscience pour sortir du « manque » de confiance, pour ne plus être « dedans ».

Repartez à présent de ce blocage, de cette difficulté que vous éprouvez et associez-lui tout d'abord votre ressenti, votre état émotionnel négatif.

Traduisez, par exemple :

Je n'ai pas confiance en moi = je crains de ne pas être accepté tel que je suis.

Je n'ose jamais me lancer = je crains de ne pas être soutenu.

J'ai toujours du mal à aller vers les autres = je crains de ne pas être désiré.

Je n'ose pas m'exprimer = je crains de ne pas être écouté, entendu.

Je n'arrive jamais à savoir ce que je veux = je crains de ne pas avoir le droit de savoir ce que je veux, *ou encore :* je crains de ne pas être respecté dans mes choix.

Je crains de ne pas être entendu = je crains la violence de mon interlocuteur.

etc.

Identifier précisément ce que l'on ressent et ce que l'on craint en situation permet de prendre plus facilement du recul, de se « raisonner », et également de savoir sur quoi l'on doit travailler.

Il est plus concret et plus efficace d'essayer de dépasser sa peur de ne pas être soutenu ou entendu que d'acquérir confiance en soi !

Pour progresser

> **Chaque fois que vous manquez de confiance en vous, ayez le réflexe d'identifier de quoi précisément vous avez « peur » : vos appréhensions et vos blocages diminueront en partie immédiatement.**

Mettez en place vos « garde-fous » !

À présent, mettez en place vos « garde-fous ». Ils vous aideront à vous protéger, à mieux gérer les situations difficiles pour vous, et à dépasser petit à petit vos craintes : c'est toujours parce que l'on craint de revivre ce que l'on a déjà vécu qu'on a du mal à dépasser ses inhibitions.

La ou les phrases clés seront différentes pour chacun, et selon les situations.

Plus vous aurez identifié finement ce qui vous a marqué, ce que vous craignez, et comment aujourd'hui, en tant qu'adulte, vous êtes capable de vous rassurer vous-même comme vous rassureriez un ami, une autre personne dans le même cas, plus vos « garde-fous » seront percutants et efficaces.

Avoir en tête vos garde-fous quand vous vous retrouvez dans une situation délicate libère *de facto* un élan positif et mobilise vos ressources, car en prenant de la distance avec le passé, vous revenez beaucoup plus vite à la réalité de l'instant.

Échangez votre perception et vos ressentis d'enfant contre le regard et la parole de l'adulte que vous êtes devenu.

Méthode à suivre

1. Choisissez la situation (ou les situations) que vous souhaiteriez aborder avec plus de confiance.
2. Identifiez alors ce que vous ressentez au fond de vous-même, ce que vous craignez.
3. Recherchez-en l'origine.
4. Trouvez ce que vous avez envie de vous dire alors pour vous rassurer. C'est la phrase (le garde-fou) qui, dans cette situation, vous permettra de changer de regard et petit à petit de vous déprogrammer.

Situation : J'ai toujours du mal à aller vers les autres

1. Ce que je ressens : J'ai peur de ne pas être intéressante.
2. Quelle en est la raison ? Je suis fille unique, j'ai été élevée seule, mes parents travaillant beaucoup, et mon père aurait préféré un garçon.
3. Qu'est-ce que je peux me dire aujourd'hui qui me rassure ?
   - J'ai ma propre valeur…
   - Je suis intéressante et j'ai comme tout le monde des choses à apporter, à faire valoir.
   - Il n'y a aucune raison pour qu'aujourd'hui on me rejette telle que je suis.
   - Les autres sont prêts à m'accueillir, à passer du temps avec moi, etc.
4. Choisir dans ces phrases celle qui résonne le plus en moi, ou élaborer à partir de ces phrases une formulation qui me « parle » encore plus, par exemple : Je suis intéressante comme tout le monde et les autres sont prêts à m'accueillir.

Situation : Je ne réussis pas à m'exprimer

1. Mon ressenti : J'ai peur d'être ridicule.
2. Quelle en est la raison ? Mon père a passé son temps à me dire que j'étais idiote et préférait nettement ma sœur.
3. Qu'est-ce que je peux me dire aujourd'hui pour me rassurer ?
   - Tout le monde a le droit de donner son avis.
   - Mon avis n'est pas forcément plus idiot que celui des autres.
   - Si l'on me ridiculise aujourd'hui, je peux me défendre.
   - Je ne me trouve pas si idiote que ça ; d'ailleurs j'ai plutôt bien réussi dans la vie.
   - Mon mari n'est pas mon père, mon patron non plus.
4. Choisir dans ces phrases celle qui résonne le plus en moi, ou élaborer à partir de ces phrases une formulation qui me « parle » encore plus, par exemple : Je ne suis pas idiote et j'ai le droit de donner mon avis.

Situation : Je n'ose jamais prendre de risques

1. Mon ressenti : J'ai peur de me trouver seul en cas de difficultés.
2. Quelle en est la raison ? Mon père ne m'a jamais soutenu, il était absent et ses propres affaires n'ont jamais été des réussites.
3. Qu'est-ce que je peux me dire aujourd'hui pour me rassurer ?
   - Je suis aujourd'hui capable de me donner ou de trouver les soutiens dont j'ai besoin.
   - Je peux prendre un risque parce que je suis en mesure de le calculer et que j'ai des appuis.
   - Je n'ai plus besoin de mon père.
4. Choisir dans ces phrases celle qui résonne le plus en moi, ou élaborer à partir de ces phrases une formulation qui me « parle » encore plus, par exemple : Je suis assez grand maintenant pour assumer de prendre des risques.

À savoir

C'est parce que l'on garde en tête un souvenir, une mémoire négative, que l'on perd ses moyens. Dissociez toujours la situation à laquelle vous êtes confronté de l'événement passé à l'origine de votre insécurité. Vous y gagnerez immédiatement un autre regard.

Travaillez croyances erronées et pensées automatiques

Les peurs, les blessures, les carences, les expériences négatives de l'éducation, les vécus ont généré des croyances et des pensées automatiques qui, sans même que nous en ayons conscience, envahissent notre esprit et nous ôtent les moyens de trouver positivement la réaction juste et adaptée.

Changez vos croyances

Les croyances tournent autour de cinq pôles.

Méthode à suivre

Repérez vos pôles en observant comment vous pensez et comment vous réagissez, par exemple en situation de conflit, d'exposition personnelle, de décision à prendre, etc. Observez également vos réactions physiques et émotionnelles : angoisse, colère, panique, tristesse, etc.

Concentrez-vous et écoutez ce que vous vous dites au fond de vous-même à ce moment-là, dans cette situation : « Je ne peux être que rejeté », « Si je veux conserver leur amour, je dois être d'accord avec eux », « Je n'ai pas le droit de me tromper », « Je ne peux jamais obtenir ce que je désire »...

Repérez ainsi votre ou vos croyances : il y en a toujours une ou deux qui viennent saboter ce que vous souhaitez entreprendre.

Une fois votre croyance mise à jour, remontez la chaîne des souvenirs et des origines de votre malaise pour retrouver comment vous l'avez construite.

Vous pourrez alors plus facilement trouver la bonne distance et voir petit à petit la réalité autrement.

Pour progresser

Dès que vous perdez confiance, dans une situation difficile, avant une rencontre, une épreuve, ne vous laissez pas entraîner par des pensées négatives. Au contraire, pensez en positif à ce que vous êtes, à ce que vous pouvez, à ce que vous voulez.

Déprogrammez-vous

Les pensées automatiques découlent directement des croyances et de la manière dont elles déforment la perception que nous avons de la réalité. Quel que soit le contexte, elles nous viennent spontanément à l'esprit, sans même que l'on s'en rende compte, et parasitent les intentions les plus positives. Les identifier permet de les « travailler » et de se déprogrammer.

Voici quelques exemples de pensées automatiques :

- C'est toujours à moi que ça arrive.
- Je n'ai encore pas fait ce qu'il fallait.
- Si je refuse, il ne va plus vouloir me voir.
- Si je lui tiens tête, je vais le payer.
- Je vais encore être ridicule.

- Je vais encore dire une bêtise.
- Ce n'est même pas la peine d'essayer.
- Que va-t-on penser de moi ?
- Je vais encore montrer que je suis nul.
- Je n'arrive jamais à la cheville des autres.

Méthode à suivre

Comme pour les croyances erronées, revisitez et décrivez des situations précises dans lesquelles vous n'agissez ou ne réagissez pas comme vous le souhaiteriez : conflit, erreur d'achat, aller demander une augmentation, un service, exprimer vos sentiments, etc.

Repérez vos réactions émotionnelles : découragement, inquiétude, larmes, colère, etc.

À présent, rentrez en vous-même. Dans cette situation, que vous dites-vous en votre for intérieur ? Que vous dit la petite voix qui vient vous saboter ?

Trouvez et apposez en face une pensée positive.

Pensée négative	Pensée positive
Il ne va plus vouloir me voir.	Il peut me comprendre.
C'est toujours à moi que ça arrive.	Les autres aussi font des erreurs.
Je n'ai encore pas fait ce qu'il fallait.	Il m'aime quand même et tout va bien.
Il a encore dû arriver une catastrophe.	C'est peut-être seulement un retard.
Je vais encore montrer que je suis nul.	Globalement, je passe bien.
Je ne changerai jamais.	J'ai déjà pas mal évolué.

Trouvez d'où cette pensée automatique peut venir : de quelle croyance ? de quelle expérience ? de quel vécu ? de quelle crainte ?

Réévaluez alors votre pensée automatique, puis repérez comment vous vous sentez ensuite.

Prenez conscience du mieux-être, de la détente que vous ressentez (apaisement, rire, tranquillité) et ancrez cette sensation dans votre mémoire et dans votre corps.

Chaque fois que vous serez dans la même situation ou dans une situation comparable, essayez de retrouver cette sensation positive et la pensée positive qui lui est liée.

Accueillez, tant qu'elle se présentera, votre pensée automatique, et remplacez-la aussitôt par la ou les pensées positives que vous avez mises au point.

Comblez vos carences affectives

Il n'existe pas de manque de confiance en soi sans carence, notamment affective. Même si certains « vides » sont plus faciles à combler que d'autres, on a malgré tout, une fois adulte, partiellement les moyens de demander et/ou de se donner à soi-même ce qui nous a manqué.

Quand on a identifié la pierre manquante à sa construction, il devient plus aisé de réparer ce qui demande à l'être. La pensée positive devient alors plus efficace. En effet, sans ce travail de fond, se vouloir positif risque d'être insuffisant, voire inopérant.

Exorcisez l'image négative de vous-même

L'image de soi est, entre autres, issue du regard de l'autre et sa qualité, qui participe à forger un narcissisme plus ou moins positif.

Quand on manque de confiance en soi, l'image que l'on a de soi-même est négative, l'insécurité intérieure devient dévastatrice.

Une façon de vous libérer d'un regard dévalorisant, négatif, absent, mécanique posé sur vous dans le passé, est de lui apposer aujourd'hui le vôtre.

Pour restaurer l'image de soi, il est bon d'oser faire face à ce que l'on croit le plus noir, le plus odieux, le plus détestable en soi de manière à exorciser ses peurs et à s'affranchir de croyances fausses et destructrices.

Franchement, de vous à moi...

Demandez-vous aujourd'hui :

- Qu'y a-t-il de si « nul » en moi pour que je ne puisse être valorisé comme je suis ?
- Pourquoi n'aurais-je pas le droit d'être soutenu, encouragé ?
- Quelle « faute » ai-je commise pour ne pas mériter d'avoir, de prendre ma place ?

- Qu'y a-t-il de si horrible, d'insupportable en moi pour que je ne puisse pas être entendu, accueilli, aimé tel que je suis ?
- Est-ce que je pense vraiment n'avoir aucune valeur ?
- Est-ce que je me crois vraiment incapable ?

Vos yeux d'adulte vont forcément corriger la vision que vous avez eue de vous-même dans l'enfance. Concrètement, vous en arriverez à la pensée : « Si ma mère ne m'a pas montré qu'elle m'aimait, cela ne veut pas dire que je ne suis pas aimable. »

De telles « constructions » négatives ont eu lieu à une époque où l'enfant ne peut que subir ; de ce fait, maintenant que vous êtes adulte, et, à mesure que vous vous exercez, le ressenti de ce que vous êtes va se modifier petit à petit.

De plus, vos expériences, votre vécu, votre réalité d'aujourd'hui vous conduisent *a priori* à avoir davantage d'objectivité sur vous-même.

Pour progresser

Si vous manquez vraiment de confiance en vous, votre première réponse aux deux dernières questions ci-dessus risque d'être « oui » (un « oui » à l'effet négatif, en l'occurrence !).

Dans ce cas, posez-vous la question une nouvelle fois, soyez objectif, cherchez le positif, et prenez-en toute la dimension.

Changez le regard supposé des autres

Pour changer de regard, prenez conscience des regards positifs qui se sont portés et/ou qui se portent aujourd'hui sur vous.

Lancez-vous

Pensez à une ou deux personnes qui…

- Vous ont accepté comme vous étiez.
- Vous acceptent comme vous êtes.
- Vous ont valorisé, accordé de la valeur.

- Vous valorisent, vous accordent de la valeur.
- Ont cru en vous, vous ont fait confiance.
- Croient en vous, vous font confiance.
- Vous ont fait une vraie place.
- Vous font une place.
- Vous ont soutenu (même si ce ne sont pas toujours les plus proches).
- Vous soutiennent.
- Vous ont écouté.
- Vous écoutent.
- Vous ont aimé.
- Vous aiment.

Pour progresser

Il n'est pas nécessaire de trouver beaucoup de personnes ayant ou ayant eu un « regard » positif sur vous. L'important est de stocker dans votre mémoire le regard positif que vous portent la ou les personnes auxquelles vous avez pensé.

Positivez

C'est une posture incontournable qu'il vous faut résolument adopter. Le manque de confiance génère des pensées négatives sur soi, sur les autres et sur la vie qu'il est nécessaire de réussir à transformer.

Visualisez vos réalisations et vos réussites

Plutôt que de penser à vos échecs, à vos difficultés, à vos points faibles, essayez de vous imaginer en situation de réussite, de reconnaissance par les autres de ce que vous êtes, de réaliser vos désirs.

Recherchez tout le positif au niveau personnel, amical, familial, relationnel, professionnel, social, dans vos loisirs, et même au plan scolaire.

Lancez-vous

- Listez vos expériences positives.
- Listez tout ce que vous avez déjà réalisé.
- Listez ce que vous avez réussi.
- Retrouvez ce que vous avez – déjà – fait pour vous-même, par exemple : quelle place vous êtes-vous donnée, quelle décision avez-vous prise, quelle audace avez-vous eue ?

Soyez fier de vous

Même si vous avez des raisons de douter, il existe forcément des motifs d'être fier de vous.

Lancez-vous

- Listez les qualités dont vous êtes fier et/ou que l'on vous reconnaît.
- Listez les actes que vous avez accomplis et dont vous êtes fier.

Donnez-vous ce à quoi vous avez droit

Envisagez dès aujourd'hui ce que vous pouvez faire dans votre vie pour vous valoriser, prendre davantage votre place, être écouté, accepté, mieux soutenu, mieux aimé… Faites cela à tous les niveaux : personnel, familial, amical, relationnel, professionnel, social, dans vos loisirs, etc.

Posez-vous les questions suivantes

- Où, quand est-ce que je pense ne pas être assez valorisé ?
- Où, quand est-ce que je pense ne pas me valoriser assez moi-même ?
- Qu'est-ce que je veux changer ?
- Que puis-je changer ?
- Où, quand ai-je le sentiment que l'on ne me donne pas suffisamment ma place ?
- Où, quand est-ce que je pense ne pas prendre suffisamment ma place ?
- Où et comment puis-je prendre davantage ma place ?
- Qu'est-ce que je veux changer ?
- Que puis-je changer ?

À savoir

Quand on n'a pas eu de place dans l'enfance, il est difficile de la prendre plus tard. C'est pourtant fondamental. On peut difficilement se valoriser ou penser être accepté si l'on n'a pas de place !

Donnez-vous, accordez-vous, faites-vous votre place. Aujourd'hui, personne d'autre ne vous la donnera.

Posez-vous les questions suivantes

- Quand et où est-ce que je pense ne pas être suffisamment écouté ?
- Qu'est-ce que je veux changer ?
- Que puis-je changer ?
- Où et par qui est-ce que je pense ne pas être assez soutenu ?
- Où et quand est-ce que je pense ne pas chercher suffisamment d'appuis, de soutiens ?
- Quels soutiens aimerais-je trouver ?
- Quels soutiens, quelles sécurités puis-je me donner ?

À savoir

Quand on n'a pas été soutenu, soit on cherche toujours à l'être, comme si l'on ne pouvait pas y arriver seul, soit on ne demande jamais rien.

Faites le deuil des soutiens que vous n'avez pas eus et apprenez à compter aussi sur vous-même.

Demandez du soutien, mais sans non plus chercher à vous faire complètement assister.

Posez-vous les questions suivantes

- Où, quand, par qui est-ce que je pense ne pas être suffisamment accepté tel que je suis ?
- Qu'est-ce que je veux changer ?
- Que puis-je changer ?
- Où, quand, par qui est-ce que je pense ne pas être assez aimé ?
- Qu'est-ce que je veux changer ?
- Que puis-je changer ?

Chassez vos « ennemis »

Résistez aux contextes et identifiez les personnes négatives, voire toxiques, pour vous, celles qui entretiennent et/ou réactivent d'anciennes carences, d'anciennes blessures.

Lancez-vous

Identifiez les personnes…

- qui vous dévalorisent.

Peut-être minimisez-vous ou idéalisez-vous les autres, peut-être vous soumettez-vous à ce que vous pensez être leur jugement, leur regard sur vous. Si c'est le cas, mettez de la distance.

- qui ne vous font pas de place (certaines vous sautent aux yeux, d'autres peut-être moins…).

Repérez bien les culpabilisateurs, les demandeurs, les dépendants, les personnes qui jouent les victimes, celles qui ont « besoin » de vous… Peut-être ne savez-vous pas non plus vous imposer ? Alors, réenvisagez vos relations.

- qui ne vous soutiennent pas.

Peut-être ne savez-vous pas « demander », « recevoir » ? Là encore, réenvisagez vos relations.

- qui ne vous acceptent pas.

Peut-être ne vous affirmez-vous pas assez, ne vous valorisez-vous pas assez, créez-vous des conflits par manque de confiance en vous. Sinon, regardez comment mieux gérer ces relations.

- à qui vous auriez l'impression de faire du tort si vous vous affirmiez plus.

Peut-être est-ce vous qui l'imaginez. Si c'est le cas, prenez-en conscience. C'est probablement en partie votre culpabilité de ne plus vous effacer qui est entrée en jeu.

Si, en revanche, les personnes que vous avez identifiées vous donnent vraiment des signes qu'elles le vivraient mal et/ou vous le feraient payer, soyez attentif à ce qui se joue entre vous, et affirmez-vous. C'est votre devoir envers vous-même !

CHAPITRE 9

DES MÉTHODES POUR PROGRESSER

Au programme

- **Fixez-vous des objectifs**
- **Entraînez-vous à vous affirmer**
- **Se faire aider**
- **En guise d'encouragement**

Compte tenu des multiples origines et de l'ancrage souvent profond d'un manque de confiance, il est préférable d'essayer de progresser avec méthode. Que l'on avance seul et/ou que l'on décide de se faire aider, voici les principaux repères.

Fixez-vous des objectifs

Pour ne pas rester dans le vague ou dans des vœux pieux, il est important de se fixer des objectifs et de se donner les moyens de les atteindre, *a fortiori* si vos difficultés se manifestent dans plusieurs domaines et sur plusieurs plans à la fois.

Pour fixer vos objectifs, demandez-vous ce que vous aimeriez et/ou devriez faire au plan personnel, familial, relationnel et/ou professionnel pour être plus serein, plus épanoui, avoir davantage confiance.

Vos objectifs peuvent être de natures différentes et, à ce stade, plus ou moins concrets et précis. Il peut s'agir d'un changement de comportement, d'un résultat que vous souhaitez obtenir, de la réalisation d'un désir, de la prise en compte d'un besoin, d'un état que vous aimeriez atteindre.

Exprimez-les comme vous le « sentez » !

Listez vos objectifs

- Mieux m'affirmer.
- Réussir à gérer mes angoisses.
- Être plus à l'aise dans mes relations.
- Mieux communiquer dans mon couple.
- Mieux savoir me valoriser.
- Être plus équilibré dans ma vie personnelle.
- Changer de poste si je ne m'épanouis pas.
- Réussir à mieux gérer une relation toxique.
- M'occuper davantage de moi-même.
- M'inscrire à des cours de dessin, ou à ce que j'ai toujours voulu faire.
- Progresser dans mon entreprise…

Dans un premier temps, ne vous limitez pas, ne vous censurez pas, et partez de là où vous êtes.

Identifiez vos axes de progrès

Essayez d'être le plus honnête possible. Si vous hésitez, si vous avez beaucoup d'objectifs ou qu'au contraire vous n'en trouvez pas, cherchez vos véritables axes de progrès, c'est-à-dire ce qui vous fera vraiment avancer.

Assurez-vous de ne pas vous tromper : on ne « voit » pas toujours l'essentiel.

Si vous n'êtes pas sûr de vous pour affiner vos axes de progrès, reportez-vous au chapitre 2.

Ayez des objectifs réalistes

Pour que vous puissiez atteindre vos objectifs, il est nécessaire qu'ils soient réalistes. Pour ce faire, tenez compte des difficultés que vous rencontrez, des inhibitions que vous avez, et voyez si votre but vous paraît objectivement réalisable : on est parfois tenté de s'évader dans un rêve, mais celui-ci risque alors de le rester.

Si vos objectifs paraissent inaccessibles, si rien que l'idée vous angoisse, si vous savez que dans votre organisation familiale, professionnelle, ils ne sont pas réalisables, il est préférable de définir des sous-objectifs ou bien de choisir pour commencer un but plus modeste, mais que vous êtes certain de pouvoir atteindre.

Faites la part des choses entre :

- la zone de confort, où vous vous trouvez mais dans laquelle vous ne progressez pas ;
- la zone de progrès, c'est-à-dire celle de vos objectifs ;
- la zone d'un échec possible.

C'est bien entendu la zone de progrès qu'il faut viser, au risque sinon de ne pas atteindre vos objectifs et d'entamer encore un peu plus votre confiance en vous. Choisissez toujours des progrès accessibles et possibles, et pratiquez la politique des petits pas. Soyez modeste et vous réussirez !

Vous pouvez étaler vos objectifs dans le temps si certains d'entre eux vous semblent importants mais encore inaccessibles.

Fixez-vous des priorités

Si vous avez plusieurs objectifs, fixez-vous des priorités, de manière logique ou arbitraire selon les cas, pour éviter de vous disperser et de ne rien voir aboutir.

Pour vous aider, visez de manière structurée le court, le moyen et le long terme.

Optez pour des objectifs concrets

Plus vos objectifs seront réalistes, plus vite vous les atteindrez. Quelle que soit leur nature, demandez-vous toujours comment les atteindre. Vous obtiendrez alors des objectifs ou des sous-objectifs concrets et matériellement réalisables.

Méthode à suivre

1. Ce que je veux atteindre.
2. Quelles situations ou personnes précises sont impactées.
3. Quelles sont éventuellement les raisons de la situation dans laquelle je suis et que je souhaite changer.
4. Comment faire ? Quels moyens est-ce que je me donne ? Quelles étapes sont à suivre ? Avec quelle échéance ?

Un objectif concret = une action concrète

Objectif : Mieux m'affirmer

Identifiez la ou les situations ou les personnes précises auxquelles vous pensez. En fonction, demandez-vous ce que vous pouvez faire concrètement.

- Faire une formation.
- Demander un changement de poste.
- Essayer, chaque fois que cela est possible, de donner mon opinion.
- Ne plus accéder à toutes ses demandes.

Déclinez votre réflexion jusqu'à ce que vous trouviez une action concrète. Prenons l'exemple de « Ne plus accéder à toutes ses demandes ». Demandez-vous dans ce cas : « Comment vais-je faire » ? Quelques réponses possibles :

- Trouver une technique pour mieux savoir dire non.
- Lire un ouvrage sur le sujet.
- Lister les situations dans lesquelles je ne sais jamais dire non.
- Définir mes priorités.
- Essayer de réussir à dire non à ma mère.

Si cela est nécessaire, sur la dernière action par exemple, « Réussir à dire non à ma mère », demandez-vous concrètement comment y parvenir : si vous ne l'avez pas fait avant, c'est que cela ne vous est pas naturel, voire difficile.

- Creuser la peur que j'ai de son autorité, celle de lui déplaire, etc.
- Identifier les situations dans lesquelles lui dire non va m'être possible : refuser d'y aller un dimanche, refuser qu'elle m'impose ses goûts, défendre mes choix, etc.
- Cibler une occasion pour me lancer.

Objectif : M'occuper davantage de moi-même

Cherchez pourquoi vous ne le faites pas plus spontanément. Cernez ce qui vous manque, ce qui vous ferait du bien, ce qui serait agréable, par exemple :

- Aller me faire masser une fois par mois.
- Prendre le temps de voir mes amis.

Mettez à plat les moyens que vous vous donnez pour trouver le temps, les possibilités financières.

- Regarder quand je peux bloquer mon agenda.
- Faire mes comptes pour voir sur quoi je peux faire des économies.
- Réfléchir à comment l'annoncer à ma fille, etc.

Objectif : Changer de poste parce que je ne m'y épanouis pas

Pour réussir ma démarche, je peux :

- Réfléchir à ce que je veux faire.
- Demander un bilan de compétences.
- Préparer ce que je veux communiquer, à qui, quand.
- Prendre rendez-vous.

Pour ne pas remettre à demain :

- Quel délai est-ce que je me donne ?
- Quand est-ce que je compte m'y mettre ?

Objectif : Mieux savoir me valoriser

Repérez la ou les situations dans lesquelles vous ne vous valorisez pas. Cherchez la ou les raisons de cette difficulté, puis cherchez ce que vous pouvez faire dès à présent pour mieux vous valoriser :

- Davantage intervenir en réunion.
- Mieux déterminer ce que je veux.
- Changer de look.

Pour ne pas remettre à demain :

- Quel délai est-ce que je me donne ?
- Quand est-ce que je compte m'y mettre ?

Si vous sentez que vous n'êtes pas prêt ou que ces actions ne seront pas suffisantes, cherchez des moyens plus adaptés.

- Faire un stage de développement personnel.
- Prendre un coach, etc.

Objectif : Être plus à l'aise dans mes relations

Repérez les situations, la ou les personnes avec lesquelles vous ne vous sentez pas à l'aise.

Essayez de définir la cause de ce malaise pour trouver la solution adéquate : manque d'habitude, manque de relation…

Que pouvez-vous faire concrètement ?

- M'obliger à rencontrer du monde, m'inscrire à des activités.
- M'obliger à m'exprimer davantage.
- Faire un stage de communication, etc.

Si vous sentez que vous n'êtes pas prêt ou que ces actions ne seront pas suffisantes, cherchez des moyens plus adaptés :

- Faire un stage d'affirmation de soi.
- Commencer un travail sur moi, démarrer une thérapie, etc.

Pour progresser

> **Planifiez toujours vos actions de manière réaliste, en fonction de votre « temps » intérieur et de vos contraintes extérieures.**
>
> **Il est par ailleurs important de diagnostiquer l'origine des difficultés que vous rencontrez de manière à trouver les moyens vraiment adaptés à votre objectif.**
>
> **Vérifiez enfin que vous faites bien exactement ce à quoi vous vous êtes engagé, pour ne pas perdre le cap.**

Notez vos progrès

Notez régulièrement vos progrès par rapport à l'objectif que vous vous êtes fixé. Notez également ceux qui vous restent à faire, éventuellement les retours en arrière et les points de blocage : ils font partie du processus. Acceptez-les et réfléchissez à ce qui s'est passé. Éventuellement, revisitez l'objectif et/ou les moyens que vous vous êtes donnés pour l'atteindre.

Tableau de progression

(Vous pouvez reproduire ce tableau sur une feuille de papier pour disposer de toute la place dont vous aurez besoin.)

Mon objectif	
Mes progrès : fréquence, systématisme, profondeur, facilité...	
Les progrès qui me restent à faire.	
Quels ont été les retours en arrière ? Pourquoi ?	
Quels sont encore les points de blocage ? Pourquoi ?	

Persévérez, ne vous découragez pas !

Si vous bloquez, si vous revenez en arrière, n'abandonnez pas, continuez… Ne vous focalisez pas sur ce que vous ne faites pas, ce que vous n'avez pas encore fait. Soutenez-vous, aidez-vous, faites-vous du bien, encouragez-vous comme vous le feriez pour un ami.

Entraînez-vous à vous affirmer

Plus vous vous habituerez à vous affirmer, plus vous développerez votre confiance en vous. En prenant conscience que, la plupart du temps, les autres vous écoutent aussi, vous n'en serez que plus assuré et plus épanoui.

Il existe plusieurs manières de se comporter dans la communication avec autrui : être passif, agressif, manipulateur ou assertif. Être assertif, c'est respecter ses besoins et ceux de l'autre. C'est savoir exprimer et défendre ses idées, ses points de vue, en écoutant ceux des autres. C'est essayer, en cas de problèmes relationnels, d'établir un vrai dialogue permettant de concilier des intérêts ou des pensées différentes.

Bien sûr, plus on a confiance en soi, plus on est assertif.

Inversement, pratiquer l'assertivité permet de gagner en confiance, dans la mesure où l'on apprend à s'écouter soi-même, où l'on expérimente un autre mode de communication dans lequel on se respecte, et où l'on découvre souvent que l'autre nous respecte aussi. Si ce n'est pas complètement le cas, ce comportement peut amener l'autre à changer.

Enfin, on s'entraîne ainsi à reconnaître ses besoins, ses émotions, à les exprimer, à pouvoir aussi entendre ceux de l'autre et à être finalement *en relation.*

Les principes de base

- Utiliser « je ».
- Dire ce que vous souhaitez et ce que vous ne souhaitez pas.
- Vous autoriser à exprimer vos émotions négatives comme la colère, l'irritation, la déception, la peine, etc.
- Être dans l'empathie (comprendre le point de vue de l'autre) et y apposer le sien (je vous comprends, mais).
- Ne pas justifier sans arrêt vos pensées, vos décisions, vos actes, etc.
- Penser à questionner l'autre sur ses réactions, propos, contraintes, intérêts, souhaits, etc.
- Oser communiquer, c'est-à-dire partager désirs, émotions, ressentis, craintes.
- Pratiquer des formulations ternaires[11] :
  - Exposer les faits et évoquer les conséquences qu'ils ont pour vous.
  - Exprimer vos émotions, ressentis, sentiments.
  - Proposer des solutions.
- Rester positif dans vos propos, dans vos messages.

À savoir

Évitez l'agressivité, qui reste la façon de s'exprimer et de s'affirmer employée quand on ne réussit pas à le faire plus naturellement.

11. Composé de trois éléments, de trois temps, de trois étapes ; qui se divise par trois.

Pour progresser

> **Notez ce qui se passe en situation, notez vos progrès et vos échecs ; si cela vous paraît nécessaire, demandez-vous à quoi ils sont dus. Qu'avez-vous craint une fois encore ? Quelle est en vous la partie encore insécurisée ? Ainsi, pas à pas, vous progresserez.**

Se faire aider

Paradoxalement, prenez tout votre temps mais ne perdez pas de temps ! Si l'on est conscient d'un problème qui n'évolue pas et qui fait souffrir, il peut être bénéfique, voire incontournable, de se faire aider.

Il est fréquent toutefois d'avoir du mal à réaliser soi-même à quel point on s'abîme ; on a tendance à minimiser, on pense que c'est conjoncturel, lié à une personne en particulier, etc. Il arrive aussi qu'on ait du mal à accepter de se faire aider, par orgueil ou bien par crainte d'avoir à rouvrir une blessure avec laquelle, jusque-là, on s'était arrangé. Ces résistances et ces protections sont légitimes, mais on risque toujours de perdre du temps et de voir le problème ou ses conséquences empirer.

Pour trouver sa voie, il est important de cerner son besoin, c'est-à-dire la nature et le degré de son manque de confiance, de tester aussi sa motivation, et de se sentir prêt.

Si votre manque de confiance est circonscrit à un « symptôme » précis et/ou s'il est plus conjoncturel, un stage, quelques entretiens avec un coach, quelques séances de thérapie peuvent être suffisants.

Si votre gêne est plus importante et permanente, qu'il s'agisse d'une difficulté à s'affirmer, à faire des choix, à s'engager, etc., un travail un peu plus approfondi est à envisager.

Si elle se double d'un problème d'identité, d'angoisses récurrentes, d'une incapacité à être vous-même, à prendre votre place, une thérapie plus longue est sans doute nécessaire.

Sans se disperser, on peut envisager plusieurs approches thérapeutiques, en parallèle ou successivement. Il est important de s'écouter : en fonction de sa difficulté, certaines approches, certaines techniques sont plus appropriées que d'autres. Si l'on « choisit » une approche à contrecœur, la thérapie ne fonctionnera pas même si elle est adaptée. Cependant, un être humain est un tout, et si la technique ou l'approche choisie n'est pas suffisante ou pas appropriée à une période donnée, elle vous permettra toujours d'aller plus loin, votre moment venu. Ainsi, l'approche comportementale peut ouvrir à une approche corporelle ou analytique ; la technique analytique pourra ouvrir sur une thérapie corporelle ou familiale, etc.

Les stages de développement personnel

Il existe de multiples stages de développement personnel : assertivité, confiance en soi, affirmation de soi, savoir dire non, etc. Au-delà de leur contenu et leur qualité, ils restent adaptés à des inhibitions malgré tout légères et circonscrites.

Ils présentent l'avantage de se pratiquer en groupe et de permettre aux participants d'expérimenter *in vivo* la « confrontation » à l'autre et de dépasser par conséquent certaines appréhensions et croyances. Ils permettent également d'obtenir des « outils » pour continuer à progresser dans la vie quotidienne.

Les thérapies

Il existe plusieurs grandes familles de thérapie, notamment les thérapies comportementales, qui agissent sur les symptômes, et les thérapies dites analytiques, qui visent la transformation de la personne et de son fonctionnement psychique.

Les thérapies comportementales

Quelle que soit la technique adoptée, il s'agit de psychothérapies brèves qui visent à comprendre les symptômes et à les améliorer. Elles sont surtout centrées sur l'ici et maintenant, car leur objectif est de modifier les symptômes et les conduites.

Dans un travail de désensibilisation, le sujet est exposé à des situations anxiogènes et mis en même temps en situation positive relaxante, de pensée ou autre. Les réactions négatives inadaptées s'atténuent petit à petit. L'objectif et la durée de la thérapie sont déterminés.

Les psychothérapies cognitives

Ces thérapies visent à aider le sujet à prendre conscience de ses croyances et pensées inadaptées et à trouver des réponses positives pour changer le contenu de ses pensées.

Dans les thérapies cognitives, on trouve la PNL, l'EMDR[12], la visualisation, la technique d'autoancrage, etc.

Les thérapies « analytiques »

L'objectif est de rechercher les causes et origines des blessures et de résoudre des conflits internes, notamment en travaillant sur le sentiment de culpabilité. Le patient, à travers sa propre parole, s'écoute, *s'entend* et petit à petit se libère.

Centrées sur le lien passé-présent et axées sur la reviviscence et la compréhension de l'histoire personnelle, elles ont pour objectif le changement de la structure psychique profonde.

Dans les deux pratiques (comportementale et analytique), le thérapeute travaille sur les résistances du sujet.

12. *Eyes Movement Desensitization and Reprocessing*. Intégration neuro-émotionnelle par le traitement adaptatif de l'information. Technique permettant d'accélérer le processus de guérison en cas de symptômes post-traumatiques majeurs.

La psychothérapie analytique et la psychanalyse

Psychothérapie analytique	Psychanalyse
Thérapie brève	Thérapie longue
Face-à-face	Divan
Technique plus souple	Rigueur technique
Intervention fréquente du thérapeute	Neutralité du thérapeute

Les thérapies centrées sur la « personne »

Inspirées de la psychologie humaniste de Rogers, elles sont centrées sur le développement de la personne et de ses potentiels. Il s'agit là surtout de travailler sur la valorisation des potentialités grâce à l'expression émotionnelle. Le patient est amené à s'accepter dans sa singularité, son unicité ; c'est le présent qui est privilégié.

À savoir

Si chaque méthode est spécifique, un psychothérapeute comportementaliste peut interpréter le discours d'un patient, tout comme le psychothérapeute analytique peut intervenir dans la réalité de ce que vit son patient et sur son comportement.

Les thérapies familiales

Les thérapies familiales systémiques s'appuient sur la notion de système : « ensemble d'éléments en interaction tels qu'une modification quelconque de l'un d'eux entraîne une modification de tous les autres ». Cette approche postule que lorsqu'un individu est considéré comme malade ou rencontre des difficultés, il est en fait victime d'un système familial pathologique dont il tend à préserver l'équilibre.

Ces thérapies traitent ainsi de nombreux troubles de la communication au sein de la cellule familiale. Le thérapeute doit faire retrouver à la famille un autre équilibre et une réorganisation de son système sans désordre psycho-pathologique. Il agit pour défaire l'entrelacement émotif et inconscient dans lesquels ses membres se trouvent « enchaînés ».

Les thérapies corporelles

Elles ont pour objectif de modifier le vécu corporel en favorisant la perception de sensations agréables de manière à orienter de façon positive le fonctionnement psychique. Si l'on ressent de gros blocages émotionnels, un travail sur le corps de type énergétique peut être particulièrement bénéfique.

À savoir

Pour savoir si l'on est sur la bonne piste, et quelle que soit l'approche adoptée, il est bon au bout de quelque temps de se demander si l'on continue de progresser ou non. Il s'agit toujours, à un moment donné, d'une vérification indispensable – sans vouloir aller trop vite pour autant !

Quand on est allé au bout d'un type de thérapie, il ne faut pas hésiter à en changer si l'on ne progresse plus, après s'être assuré qu'il ne s'agit pas d'une résistance à aller plus loin, en d'autres termes d'une fuite.

En guise d'encouragement

Si avoir confiance en soi, c'est finalement avoir confiance en qui l'on est, nous devrions tous avoir confiance en nous. Nous ne devrions même pas avoir à nous poser la question du « manque » de confiance, nous ne devrions même pas l'introduire.

D'une certaine façon, à ne pas avoir confiance, à ne pas nous faire confiance, nous contrarions notre nature humaine. D'ailleurs, les personnes qui ont confiance en elles ont du mal à concevoir le « manque » de confiance. Pour elles, c'est une sorte de non-sens. Et d'une certaine manière, elles ont raison !

POUR ALLER PLUS LOIN

Donner aux autres davantage de confiance

Valoriser, encourager, écouter, « aimer » un conjoint qui a du mal à s'affirmer, un enfant qui échoue, un collaborateur qui ne saisit pas une possibilité d'évolution, etc., est incontournable pour l'aider à avoir confiance en lui.

Valoriser au maximum

Valorisez au maximum, de manière juste bien sûr, la personne à qui vous cherchez à donner confiance. N'hésitez pas à lui faire des compliments, à lui faire part de votre satisfaction, de votre bonheur, de votre joie…

Donnez-lui l'occasion de se valoriser, de montrer sa valeur à des tiers. Essayez d'identifier un vrai point fort, même s'il n'a rien à voir, ou presque, avec le quotidien et la nature de votre relation avec lui.

Dites-lui ce dont vous la croyez capable.

Laissez-la prendre des initiatives et aussi vous témoigner à sa façon son affection, son intérêt.

Encourager au maximum

Encouragez au maximum la personne concernée, dites-lui, prouvez-lui que vous lui faites confiance. Donnez-lui une chance. Bien sûr, cette position n'est valable que si la personne est réellement en mesure d'atteindre ce qu'elle s'est fixé. Dans le cas contraire, encouragez-la à adopter une nouvelle façon de faire, à changer, quitte à ce qu'elle fasse, choisisse autre chose que ce que vous pensiez ou souhaitiez, et qui peut-être vous aurait rassuré ou convenu. Il se peut qu'elle ait raison de faire ce choix, ait besoin de faire cette expérience.

Ayez confiance en elle !

Faire une vraie place

Faire une place à quelqu'un dépasse bien sûr le cadre de ce que nous pouvons aborder dans cet ouvrage. Le moyen le plus simple et tout aussi efficace pour (commencer à) donner sa place à quelqu'un est de l'écouter. Écoutez ce que la personne dit ou ce qu'elle cherche à dire.

Parlez-lui sans avoir forcément d'objectif précis, d'action à mener, quelque chose à demander... Parlez-lui, exprimez-vous depuis la place qui est la vôtre, pour qu'à son tour l'autre parle, dise, s'exprime et prenne la sienne.

N'énoncez pas les choses sur le ton du devoir, du « il faut », mais exprimez plutôt ce que vous souhaiteriez, la manière dont vous voyez les choses. Ainsi, l'autre pourra plus facilement répondre, se positionner, prendre sa place et en devenir de plus en plus conscient.

BIBLIOGRAPHIE

Christophe André, François Lelord, *L'Estime de soi*, Paris, Odile Jacob, 2008

Christophe André, *Imparfaits, libres et heureux*, Paris, Odile Jacob, 2009

Eva Arkady, *Oser être soi : Se libérer de la dépendance affective*, Saint-Julien-en-Genevois, Jouvence, 2011

Laurence Benatar, *50 Exercices de confiance en soi*, Paris, Eyrolles, 2012

Kate Burton, *La Confiance en soi pour les nuls*, Paris, First, 2008

Germain Duclos, Danielle Laporte, Jacques Ross, *L'Estime de soi des adolescents*, Québec, Hôpital Sainte-Justine, 2002

Sarah Famery, *Se libérer de ses blocages*, Paris, Eyrolles, 2010

Odile Fèvre, Éric Schuler, *L'Affirmation de soi au féminin*, Paris, ESF, 1996

Isabelle Filliozat, *Fais-toi confiance*, Paris, Marabout Poche, 2013

Michèle Freud, *La Confiance en soi*, CD audio et MP3, mf Éditions

Claudette Jacques, *Mandalas pour développer... l'estime de soi. Cahier à colorier*, Québec, Le Dauphin blanc, 2007

Bruno Lallement, *Comment utiliser pleinement votre potentiel : Les grands secrets de l'accomplissement de soi*, Paris, Le Courrier du livre, 2013

Bruno Lallement, *Je sais que vous pouvez réussir : Comment bâtir une authentique et solide confiance en soi*, Paris, Le Courrier du livre, 2009

Danielle Laporte, *Favoriser l'estime de soi des 0-6 ans*, Québec, Hôpital Sainte-Justine, 2002

Danielle Laporte, *L'Estime de soi des 6-12 ans*, Québec, Hôpital Sainte-Justine, 2002

Moussa Nabati, *Guérir son enfant intérieur*, Paris, Fayard, 2008

Pierre Pradervand, *Apprendre à s'aimer : Clé d'une vie épanouie*, Saint-Julien-en-Genevois, Jouvence, 2006

Patrice Ras, *Estime de soi, confiance en soi, amour de soi : Les trois piliers du succès*, Saint-Julien-en-Genevois, Jouvence, 2013

Carl Rogers, *Le Développement de la personne*, Paris, Dunod, 1998

Éric Schuler, *L'Assertivité*, Paris, Morisset, 1996

Sylvie Tenenbaum, *Vaincre la dépendance affective. Pour ne plus vivre uniquement par le regard des autres*, Paris, Albin Michel, 2010

Jeffrey E. Young, Janet S. Klosko, Marie Perron, *Je réinvente ma vie : Vous valez mieux que vous ne pensez*, Paris, éditions de l'Homme, 2013

INDEX

A

Accepter 11, 19, 20, 30, 71, 84, 106, 107, 114, 115, 143, 146
Amour 11, 20, 28, 46, 69, 70-72, 74, 76, 93, 95-100, 122, 127
Anxiété 12, 20, 29, 36, 47, 48

B

Besoin de contrôle 13, 30, 33, 52, 107

C

Carences 19, 121, 126, 133
Communication 25, 28, 32, 39, 40, 79-81, 111, 140, 141, 146
Complexes 22, 23
Conscience de soi 20, 21, 69, 70, 74-77, 82, 118
Corps 20, 25, 70, 71, 128, 147
Crise 27, 28, 81
Croyances 21, 49, 60, 61, 126-129, 144, 145
Culpabilité 38, 45, 114, 134, 145

D

Dépendance 36

E

Échec 21, 27, 28, 30, 42, 46, 53, 58, 76, 116, 137
Estime de soi 21, 22, 36

H

Honte 17, 29, 47, 48, 53, 114, 115, 118

I

Idéal 47, 53, 71
Image de soi 20, 21, 26, 45, 67
Infériorité 22, 23, 45, 54
Inhibition 32, 48
Introversion 32

M

Mère 40, 41, 42, 69, 70-72, 74, 75, 79, 90, 93, 97, 100, 121, 129, 138
Modèles 56, 57, 59, 86, 107, 115

N

Narcissisme 19, 25, 26, 27, 69, 108, 119, 129

P

Pensées automatiques 119, 126, 127, 128
Père 23, 69, 72-76, 79, 81, 88-90, 93, 97, 98, 121, 125, 126
Personne 13, 22, 23, 28, 31, 32, 34, 36, 73-75, 79, 88, 100, 105, 109, 121, 124, 143, 144, 146-148
Place 12, 25, 30, 49, 53, 69, 72-74, 77, 81, 82, 84, 95-97, 121, 124, 129-133, 141, 143, 148
PNL 111, 145

R

Reconnaissance 21, 25, 36, 58, 69, 76, 83, 86, 88, 89, 97, 131
Rejet 28, 29, 31, 46, 48, 88, 118
Relations 11, 21, 25, 26, 28, 29, 31, 36, 43, 47, 53, 56, 59, 62, 69, 70, 71, 73, 75,

76, 79-81, 84, 85, 89, 90, 93, 97, 107, 118, 133, 136, 140, 142, 147
Ressources 20-22, 27, 40, 106, 110, 115, 124
Rôle 30, 71, 72, 74-77, 97, 101, 105, 109, 121

S

S'affirmer 11, 12, 19, 22, 29, 72, 88, 100, 117, 142, 143, 147
Sécurité 17, 19, 22, 25-28, 67, 71, 72, 79, 80, 86, 89, 91, 95, 108, 109, 111, 112, 119
Soutien 79, 90-93, 133
Supériorité 54
Symptôme 29, 35, 36, 48, 49, 108, 143, 144, 145

T

Thérapie 140, 143-145, 147
Timidité 31, 32

V

Valorisation 36, 79, 83, 85, 89, 93, 146

Dans la même collection

EYROLLES PRATIQUE
Hélène Roubeix
SORTIR DE LA DÉPENDANCE AMOUREUSE
Pour aimer LIBREMENT et être HEUREUX en amour
EYROLLES

EYROLLES PRATIQUE
Catherine Cudicio
L'AUTOCOACHING
Découvrez toutes les techniques pour vous coacher vous-même et RÉALISER VOTRE PROJET DE VIE
EYROLLES

EYROLLES PRATIQUE
Dr Christophe Marx
L'EMDR
Histoire, méthode et techniques pour SE LIBÉRER DE SES TRAUMATISMES et DÉPASSER SES BLOCAGES
CAHIER D'EXERCICES INCLUS
EYROLLES

EYROLLES PRATIQUE
Norbert Cassini
LA SOPHROLOGIE
Mobiliser ses RESSOURCES pour S'ÉPANOUIR
10 SÉANCES AUDIO EN LIGNE GRATUITES
EYROLLES

EYROLLES PRATIQUE
Alain Cardon • Vincent Lenhardt • Pierre Nicolas
L'ANALYSE TRANSACTIONNELLE
Apprenez à vous CONNAÎTRE pour mieux vous POSITIONNER dans vos relations
EYROLLES

EYROLLES PRATIQUE
Jacques Regard
STOP À LA MANIPULATION
Une méthode inédite
POUR NE PLUS VOUS LAISSER FAIRE,
et DÉJOUER LES PIÈGES des manipulateurs
DÉFENSE D'ENTRER
EYROLLES

EYROLLES PRATIQUE
L'ENNÉAGRAMME
Découvrez quel est votre profil
Nouvelle édition augmentée
EYROLLES

EYROLLES PRATIQUE
Carolina Becerril-Maillefert
LE PSYCHODRAME
L'histoire, la méthode, les techniques pour explorer votre processus psychique au moyen de SCÉNARIOS IMPROVISÉS
EYROLLES

Merci d'avoir choisi ce livre Eyrolles. Nous espérons que votre lecture vous a plu et éclairé.

Nous serions ravis de rester en contact avec vous et de pouvoir vous proposer d'autres idées de livres à découvrir, des événements avec nos auteurs, des jeux-concours ou des lectures en avant-première.

Intéressé(e) ? Inscrivez-vous à notre lettre d'information.

Pour cela, rendez-vous à l'adresse go.eyrolles.com/newsletter ou flashez ce QR code (votre adresse électronique sera à l'usage unique des éditions Eyrolles pour vous envoyer les informations demandées) :

Vous êtes présent(e) sur les réseaux sociaux ? Rejoignez-nous pour suivre d'encore plus près nos actualités :

Eyrolles Bien-être

Merci pour votre confiance.

L'équipe Eyrolles

Imprimé en France par Laballery
Dépôt légal : février 2021
N° d'impression : 102394